Mr. Witts Witwe

Eine frivole Geschichte

Anthony Hope

Writat

Diese Ausgabe erschien im Jahr 2024

ISBN: 9789359940649

Herausgegeben von
Writat
E-Mail: info@writat.com

Inhalt

KAPITEL I.
WIE GEORGE NESTON SPRINGTE.

DIE Nestons aus Tottlebury Grange in der Grafschaft Suffolk waren eine alte und ehrenhafte Familie, nie sehr angesehen oder sehr reich, aber dennoch seit vielen Generationen immer reicher und angesehener als die gewöhnliche Menschheit. Die Männer waren größtenteils fähig und aufrichtig gewesen, hatten ihre Ansprüche hartnäckig vertreten und waren sich ihrer Pflichten bewusst; Die Frauen hatten ihre Vorgesetzten respektiert, von ihren Untergebenen Respekt eingefordert und die Frauen ihrer Brüder nach Nestons Art erzogen. und die ganze Rasse hätte zwar ihre individuellen Schwächen eingestanden, wäre aber verwirrt gewesen, wenn sie darauf hingewiesen hätte, dass sie als Familie nicht der Lage gerecht geworden war, in die sie von der Vorsehung und der Verfassung gestellt worden war. In ein oder zwei Fällen lag der Fehler, wenn überhaupt, tatsächlich auf der anderen Seite. Der letzte Besitzer des Gutshofs, ein fröhlicher alter Junggeselle, hatte die Obergrenzen seiner Miete und seines Bankkontos missachtet und die Siege auf dem Revier zu den Lorbeeren der Familie hinzugefügt, was die Familieneinnahmen stark beeinträchtigte. Sein plötzlicher Tod wurde als persönlicher Verlust betrauert, aber stillschweigend als dynastischer Gewinn anerkannt, und zehn Jahre der methodischen Herrschaft seines Bruders Roger hatten viel dazu beigetragen, die Verwüstungen seiner fröhlichen Herrschaft zu beseitigen. Die jüngeren Söhne der Nestons dienten dem Staat oder gingen anderen Berufen nach, und Roger hatte ein langes und nützliches Leben im Handelsamt verbracht. Er war ein wertvoller Beamter gewesen, und seine Verdienste waren nicht unbemerkt geblieben. Berühmtheit hatte er weder gesucht noch erlangt, und sein Name war der Öffentlichkeit nur wenig bekannt geworden. Sein seltenes Erscheinen in den Zeitungen erfolgte im Allgemeinen an Tagen, an denen unsere gnädige Herrscherin ein weiteres Jahr ihres wohltätigen Lebens vollendete und diesen Anlass mit einer Verleihung würdigte Ehre für Herrn Roger Neston. Als dies geschah, suchten alle führenden Autoren in „Men of the Time" oder „Whitaker" oder einem anderen Standardwerk nach ihm und bemerkten, dass nur wenige Ernennungen eine größere allgemeine öffentliche Zustimmung finden würden, ein Vorschlag, den die … Es muss davon ausgegangen werden, dass die Öffentlichkeit mit stillschweigender Einstimmigkeit gebilligt hat.

Mr. Neston machte sich auf den Weg, ungestört von seinen Momenten der Berühmtheit, aber im Stillen zufrieden mit seiner roten Schleife, und als er in den Besitz des Familienbesitzes gelangte, ging er weiterhin mit unverminderter Regelmäßigkeit ins Büro. Schließlich erreichte er den Höhepunkt seines besonderen Ehrgeizes und nahm als ständiger Leiter seiner Abteilung fünfzehn Jahre lang großen Anteil an der Regierung eines Volkes, das sich seiner Existenz fast nicht bewusst war, bis zu dem Moment, als es die Ankündigung sah, dass dies auf seiner Seite stand Nach seinem Ruhestand war er mit dem Titel Baron Tottlebury in den Adelsstand erhoben worden. Dann erklang der Beifallschor erneut, und der neue Herr klopfte ihm freundschaftlich auf die Schulter und wandte sich dem öffentlichen Leben zu. Von nun an saß er schweigend im House of Lords und schrieb Briefe an die *Times* über Themen, für deren Studium ihm die Sorgen des Amtes bisher keine Zeit gelassen hatten.

Aber das Glück war noch nicht müde, den Nestons zuzulächeln. Bevor Lord Tottlebury seine neue Würde annahm, hatte er seinem Sohn Gerald die Notwendigkeit eingeschärft, nach Mitteln zu suchen, um die Krone durch eine kluge Heirat zu vergolden. Gerald war keineswegs abgeneigt. Er hatte in der Anwaltskammer nie große Fortschritte gemacht und hatte das Gefühl, dass sein mangelnder Erfolg im Widerspruch zur zunehmenden Praxis seines Cousins George stand, ein Zustand, der sehr unpassend war, da George einen jüngeren Zweig als Gerald vertrat. Eine reiche Ehe, verbunden mit der verbesserten Stellung seines Vaters, eröffnete ihm die Aussicht auf eine Karriere von öffentlichem Ansehen und, was noch wichtiger war, auf eine private Freizeitgestaltung, die seinem Geschmack besser entsprach und seine Geduld weniger strapazierte; und durch ein ungewöhnliches Glück wurde er von allen Skrupeln, für Geld zu heiraten, dadurch bewahrt, dass er bereits verzweifelt in eine sehr reiche Frau verliebt war. Sie war allerdings nicht von hoher Herkunft, und sie war die Witwe eines Kaufmanns aus Manchester; aber derselbe Kaufmann hatte ihr zum Unmut seiner eigenen Verwandten fünftausend Dollar pro Jahr zur freien Verfügung überlassen. Die letzte Tatsache überwog in Lord Tottleburys Augen bei weitem die beiden ersten, während Gerald seine Klage einzig und allein darauf gründete, dass Neaera Witt das hübscheste Mädchen in London sei und, beim Himmel, er an die Welt glaubte; nur natürlich, wenn sie auch Geld hätte, umso besser.

Dementsprechend war die Verlobung eine vollendete Tatsache. Mrs. Witt hatte lediglich eine anmutige Abneigung gezeigt, Mrs. Neston zu werden. Mit fünfundzwanzig Jahren war die ständige Hingabe an die Erinnerung an eine so bloße Episode wie ihre erste Ehe weder zu wünschen noch zu erwarten, und Neaera war offen gesagt in Gerald Neston verliebt, einen gutaussehenden, muskulösen Kerl mit offenem Gesicht, der … hat ihr Herz vor allem deshalb gewonnen, weil er dem verstorbenen Herrn Witt so sehr unähnlich war. Alle beneideten Gerald und alle gratulierten Neaera dazu, dass sie den verschiedenen Abgründen entkommen war, die sich angeblich auf dem Weg reicher junger Witwen auftun. Die Verlobung wurde einmal verkündet, dem als verfrüht widersprochen und dann erneut verkündet; und mit einem Wort, in diesen Dingen ging alles seinen angenehmen und gewohnten Gang. Schließlich bewirtete Lord Tottlebury in gebührender Form Mrs. Witt beim Abendessen, um sie in die Neston-Mysterien einzuweihen.

Zu diesem Abendessen zog Mr. George Neston, Rechtsanwalt, an einem Maiabend in seinen Gemächern in der Nähe von Piccadilly seine weiße Krawatte an. George war der Sohn von Lord Tottleburys jüngerem Bruder. Sein Vater war im Dienst in Indien gestorben und hinterließ eine Frau, die ihn nur wenige Jahre überlebte, und einen kleinen Jungen, der sich mit zwei oder dreiunddreißig Jahren zu einem aufstrebenden Anwalt entwickelt hatte und in diesem Moment mit dem Denken beschäftigt war Was für ein glücklicher Hund Gerald war, wenn alles, was die Leute über Mrs. Witt sagten, wahr wäre. Nicht, dass George seinen Cousin um seine Braut beneidete. Seine Wandertage waren vorbei. Er hatte gefunden, was er für sich wollte, und Frau Witts Schönheit, wenn sie schön war, bedeutete ihm nichts. Das dachte er mit einer Mischung aus Freude und Resignation. Doch egal, wie sehr man auch in jemand anderen verliebt ist, ein hübsches Mädchen mit fünftausend Dollar im Jahr bedeutet Glück, und damit ist Schluss! So schloss George Neston, als er in sein Hansom stieg und zum Portman Square fuhr.

Die Gruppe war nur klein, denn die Nestons gehörten nicht zu den Familien, die sich in verwirrende Gruppen von Cousins verzweigen. Lord Tottlebury war natürlich da, ein großer, hagerer, ziemlich streng aussehender Mann, und seine Tochter Maud, ein aufgewecktes und hübsches Mädchen von zwanzig Jahren, und Gerald, in einem Flattern, das durch die Extravaganz der *Lässigkeit kaum zu verbergen war*. Dann waren da noch ein paar Tanten und ein männlicher Cousin und seine Frau und George selbst. Drei der Gäste waren Freunde, keine Verwandten. Mrs. Bourne war die auserwählte Vertraute von Lord Tottleburys verstorbener Frau gewesen, und er ehrte das Andenken seiner Frau durch ständige Aufmerksamkeit für ihre Freundin. Mrs. Bourne brachte ihre Tochter Isabel mit, und Isabel war voller Neugier gekommen, Mrs. Witt zu sehen, und hoffte auch, George Neston zu sehen, denn wusste sie nicht, welche Freude es ihm bereiten würde, sie kennenzulernen? Schließlich ragte auf dem Teppich die riesige Gestalt von Mr. Blodwell, QC, auf, einem alten Freund von Lord Tottleburys und Georges erstem Lehrer und freundlichen Führer in Sachen Recht, berühmt für seine rauen Reden vor Gericht und die guten Geschichten daraus, berühmt auch , als einer der größten Männer und ziemlich dicksten Mann an der Anwaltskammer. Nur Neaera Witt fehlte, und bevor Mr. Blodwell sich mit der berühmten Geschichte über Baron Samuel und die Braunkuh beschäftigt hatte, wurde Neaera Witt angekündigt.

Frau Witt war erst seit zwei Jahren Witwe und zu diesem Zeitpunkt war sie in der Gesellschaft nahezu unbekannt. Niemand aus der Gruppe außer Gerald und seinem Vater hatte sie gesehen, und alle schauten interessiert zur

Tür, als der Butler ihren Namen verkündete. Sie hatte ihre Trauer zum ersten Mal ganz aufgegeben und kam in einem tiefroten Gewand mit einer langen Schleppe, die ihr Würde verlieh, herein, ihr goldenes Haar war tief in den Nacken geflochten und ihr blasser, klarer Teint war nur leicht angetönt der Verdacht einer Röte, als sie sich instinktiv nach ihrem Geliebten umsah. Der Eintrag war zweifellos ein kleiner Triumph. Die Mädchen waren in großzügiger Bewunderung versunken; die Männer waren erschrocken; und Mr. Blodwell, der den Abend im Unterhaus beendete, bemerkte zu dem jungen Sidmouth Vane, dem Privatsekretär des Lord President (unbezahlt): „Ich hoffe, mein Junge, du lebst so lange wie ich und siehst genauso viele Hübsche." Frauen; aber Sie werden nie eine hübschere Frau als Frau Witt sehen. Ihr Gesicht! ihre Haare! und Vane, mein Junge, ihre Taille!" Aber hier läutete die Glocke, und Mr. Blodwell beeilte sich, gegen einen Vorschlag zu stimmen, der unter dem fadenscheinigen Vorwand der Verbilligung die Rechtspflege verschlechtern sollte.

Lord Tottlebury ging auf Neaera zu, nahm sie bei der Hand und präsentierte sie stolz seinen Gästen. Sie begrüßte jeden anmutig und freundlich, bis sie zu George Neston kam. Als sie sein kräftiges Kinn und sein glattrasiertes, scharfes Gesicht sah, sprang ein plötzliches Licht, das wie Erinnerung aussah, in ihre Augen und ihre Wange errötete ein wenig. Die Veränderung war so deutlich, dass George sich in der Vorstellung bestätigte, die er vom ersten Moment an hatte, als sie hereinkam, dass er irgendwo zuvor dieses goldene Haar und diese dunklen Augen gesehen hatte, diese Kombination harmonischer Gegensätze, die ihre Schönheit nicht weniger besonders machten Art als im Grad. Er trat einen Schritt vor, die Hand halb ausgestreckt, und rief:

"Sicherlich--"

Aber dort blieb er stehen und seine Hand fiel auf seine Seite, denn alle Zeichen des Erkennens waren aus Mrs. Witts Gesicht verschwunden, und sie verneigte sich nur noch mit der gleichen bescheidenen, gnädigen Verbeugung vor ihm, die sie dem Rest der Gruppe zuteil geworden war. Der Vorfall war vorüber und ließ George zutiefst verwirrt und Lord Tottlebury ein wenig erschrocken zurück. Gerald hatte nichts gesehen, da er damit beschäftigt war, Befehle für den Einmarsch zum Abendessen zu erteilen.

Das Abendessen war ein Erfolg. Lord Tottlebury entspannt; er war sehr herzlich und zeitweise fast jovial. Gerald war im Himmel oder saß zumindest direkt gegenüber und hatte ihn im Blick. Mr. Blodwell hatte großen Spaß: Seine klassischen Geschichten hatten noch nie eine so angenehme Belohnung erhalten wie Neaeras leises, sattes Lachen und seine tanzenden Augen. George hätte sich amüsieren sollen, denn er saß neben Isabel Bourne, und Isabel, die herzlich erkannte, dass sie es heute Abend nicht war, da sie, um ihrer Gerechtigkeit gerecht zu werden, oft das hübscheste Mädchen im Raum war, gab sich umso mehr Mühe freundlich und amüsant sein. Aber George durchstöberte die Rumpelkammern seiner Erinnerungen, oder, um es weniger bildlich auszudrücken, fragte sich und wurde immer wütender, als er sich vergeblich fragte, wo zum Teufel er das Mädchen schon einmal gesehen hatte. Ein- oder zweimal blickte er sie an, und es schien ihm, als hätte er sie dabei ertappt, wie sie ihm einen fragenden, besorgten Blick zuwarf. Als sie sah, dass er hinsah, verwandelte sich ihr Gesichtsausdruck in einen Ausdruck freundlichen Interesses, der der Prüfung eines künftigen Verwandten angemessen war.

"Was denkst Du über sie?" fragte Isabel Bourne mit leiser Stimme. „Wunderschön, nicht wahr?"

„Das ist sie tatsächlich", antwortete George. „Ich kann nicht umhin zu glauben, dass ich sie schon einmal irgendwo gesehen habe."

„Sie ist eine Person, an die man sich erinnern wird, nicht wahr? War es in Manchester?"

„Das glaube ich nicht. Ich war in meinem Leben nicht mehr als zwei- oder dreimal in Manchester."

„Nun, Maud sagt, dass Mrs. Witt nicht dort aufgewachsen ist."

„Wo ist sie aufgewachsen?"

„Ich weiß es nicht", sagte Isabel, „und ich glaube auch nicht, dass Maud es wusste. Ich fragte Gerald und er sagte, sie sei wahrscheinlich vor ein paar Jahren irgendwo vom Himmel gefallen."

„Vielleicht erinnere ich mich so an sie", schlug George vor.

Als ihm diese Erklärung nicht gelang, gestand er, dass er verwirrt war, und beschloss, die Angelegenheit vorläufig aus seinen Gedanken zu verbannen. Mit Isabel Borowskis Hilfe war er dabei sehr erfolgreich: Die Gesellschaft eines hübschen Mädchens ist der beste moderne Ersatz für das Wasser von Lethe.

Dennoch blieb sein Interesse stark genug, um ihn der Gruppe beitreten zu lassen, die Gerald und Mr. Blodwell mit Neaera bildeten, sobald die Männer nach oben gegangen waren. Mr. Blodwell machte kein Geheimnis daraus, dass es bei ihm Liebe auf den ersten Blick war, und bedauerte offen, dass sein Alter ihn daran hinderte, mit Gerald um seine Beute zu kämpfen. Gerald hörte mit der selbstgefälligen Freude eines sicheren Liebhabers zu, und Neaera entschuldigte sich ernsthaft, dass sie mit ihrer Wahl nicht gewartet hatte, bis sie Mr. Blodwell gesehen hatte.

„Aber Sie haben wenigstens von mir gehört?", drängte er.

„Ich bin furchtbar unwissend", sagte sie. „Ich glaube nicht, dass ich das jemals getan habe."

„Neaera gehört nicht zu den Kriminellen, sehen Sie, Sir", warf Gerald ein.

„Er verspottet mich", rief Mr. Blodwell, „mit dem Old Bailey!"

George war rechtzeitig aufgetaucht, um die letzten beiden Bemerkungen zu hören. Neaera sah ihn und lächelte freundlich.

„Das ist eine junge Dame, die keine Ahnung vom Gesetz hat, George", fuhr Blodwell fort. „Sie hat nie von mir gehört – und auch nicht von dir, wage ich zu behaupten. Es erinnert mich an das, was man immer über den alten Dawkins sagte. Der alte Daw hatte nie einen Auftrag, aber er war Blockflötist in irgendeinem kleinen Bezirk – einmal in zwei Jahren mit einem Gefangenen, wissen Sie – ich habe den Namen vergessen. Mal sehen – ja, Peckton."

„Peckton!" rief George Neston laut und abrupt aus.

Neaera machte eine plötzliche Bewegung mit einer Hand – eine plötzliche Bewegung wurde plötzlich unterbrochen – und ihr Fächer fiel klappernd auf die polierten Bretter.

Gerald stürzte sich darauf, ebenso wie Mr. Blodwell, und ihre Köpfe kamen mit solcher Heftigkeit in Kontakt, dass alle Erinnerungen an Recorder Dawkins aus Mr. Blodwells Gehirn verschwanden. Sie schwelgten immer noch in Vorwürfen, als Neaera sie schnell verließ, zu Lord Tottlebury ging und sich verabschiedete.

George ging ihr die Tür öffnen. Sie sah ihn neugierig an.

„Werden Sie mich besuchen kommen, Mr. Neston?" Sie fragte.

Er verneigte sich ernst und antwortete nichts.

Die Gesellschaft löste sich auf, und als George sah, wie Mr. Blodwells Masse in ein Vierradfahrzeug verladen wurde, fragte der alte Herr:

„Warum hast du das getan, George?"

"Was?"

„Spring, als ich Peckton sagte."

„Oh, ich habe dort immer Sitzungen besucht, wissen Sie."

„Erschrecken Sie immer, wenn Leute die Orte erwähnen, an denen Sie früher Sitzungen besucht haben?“

„Im Allgemeinen“, antwortete George.

„Ich verstehe“, sagte Mr. Blodwell und zündete sich seine Zigarre an. „Eine schlechte Angewohnheit, George; es erregt Bemerkung. Sagen Sie ihm das Haus.“

„Gute Nacht, Sir“, sagte George. „Ich hoffe, deinem Kopf geht es besser.“

Mr. Blodwell schnaubte empört, als er das Fenster hochzog und zu seinen Pflichten gefahren wurde.

KAPITEL II.
WARUM GEORGE NESTON SPRINGTE.

„WIE hätte ich es jemals vergessen können?" sagte George laut, als er nach Hause ging. „Ich erinnere mich jetzt an sie, als wäre es gestern gewesen."

Erinnerung ist, wie vieles andere, was den Menschen betrifft, eine seltsame Sache, und der Name Peckton hatte das einzige Bindeglied geliefert, das in seiner Erinnerung fehlte. Wie hatte er es tatsächlich jemals vergessen? Kann ein Mann seinen ersten Auftrag genauso wenig vergessen wie seine erste Liebe? – so ähnlich sind sie in ihrem unendlichen Versprechen, so ähnlich in ihren sehr endlichen Ergebnissen!

Das Bild war jetzt in seinem Kopf vollständig: der kleine, schwüle Hof in Peckton; der alte Dawkins, seine Perücke vom Alter schwarz, der Rest von ihm braun vom Schnupftabak; der wählerische Angestellte; der Staatsanwalt, Sohn desselben pingeligen Angestellten; er selbst steckte seine erste Guinea mit zitternder Hand und klopfendem Herzen in die Tasche (nervös vor dem alten Daw! Stellen Sie sich das vor!); der dicke, friedliche Polizist; die Wärterin in ihrer schwarzen Strohhaube mit dunkelblauen Bändern; und zuletzt auf der Anklagebank ein junges Mädchen in schäbigem, ja, fettigem Schwarz, mit blassen Wangen, wirrem Haar und geschwollenen Augenlidern, das in leerem Entsetzen auf die Majestät des Gesetzes blickte, das seltsamerweise in der alten Schrift des Recorders zum Ausdruck kam Person. Und zweifellos war das Mädchen Geralds Braut, Neaera Witt.

„Ich könnte ihr heute schwören!" rief Georg.

Sie hatte für sein Honorar eine Guinee zusammengekratzt. „Ich weiß nicht, woher sie es hat", sagte der dicke Polizist mit professionellem Zynismus, als er es George gab. „Sie bekennt sich schuldig und möchte, dass Sie sich an das Gericht wenden." Also hatte George voller Angst vor Gericht gesprochen.

Das Mädchen hatte einen Vater – betrunken, wenn er nicht hungerte, und hungernd, wenn er nicht betrunken war. Jetzt war er am Verhungern, und sie hatte die Schuhe gestohlen (oh, wie schäbig das alles war!), um sie zu verpfänden und Essen – oder Trinken – zu kaufen. Es war lediglich ein Grund zur Vorsicht – und – und – und George selbst, der noch jung für die Arbeit war, stammelte und stotterte sowohl vor Emotionen als auch vor Angst. Sie sehen, das Mädchen war hübsch!

Der alte Daw sagte nur: „Wissen Sie etwas über sie, Polizist?" und der dicke Polizist sagte, ihr Vater sei ein schlechter Kerl, und das Mädchen habe keine Arbeit gemacht, und –

„Das reicht", sagte der alte Daw; und er beugte sich vor und sprach seinen Satz aus:

„Ich werde sanft mit dir umgehen. Nur" – er schüttelte einen schnupfenden Zeigefinger – „passen Sie auf, dass Sie nicht noch einmal hierher kommen!" Ein Kalendermonat mit harter Arbeit."

Und das Mädchen blickte zurück auf den ehrlichen alten Daw, der außer von der Bank aus keiner Fliege etwas zuleide getan hätte, und murmelte leise: „Grausam, grausam, grausam!" und wurde von der Frau mit der schwarzen Strohhaube abgeführt.

Daraufhin tat George etwas sehr Unprofessionelles. Er gab dem dicken Polizisten seine Guinea, seinen erstgeborenen Sohn, zurück und sagte: „Gib sie ihr, wenn sie herauskommt." Ich kann ihr Geld nicht annehmen." Daraufhin lächelte der Polizist ein Lächeln, das George seiner schrecklichen Jugend überführte.

Es war alles vollständig – bis auf den Namen, mit dem der wählerische Angestellte das Mädchen zum Flehen aufgerufen und den der alte Dawkins bei der Verurteilung gemurmelt hatte. Das ist ihm völlig entgangen. Er war sich sicher, dass es nicht „Neaera" war – natürlich nicht „Neaera Witt"; aber auch nicht „Neaera Anything". Er hätte sich an „Neaera" erinnert.

"Was um Alles in der Welt war das?" fragte er sich, als er seine Tür aufschloss und nach oben ging. „Nicht, dass es eine große Rolle spielt. Namen können leicht geändert werden."

George Neston teilte seine Gemächer in der Half Moon Street mit dem ehrenwerten Thomas Buchanan Fillingham Myles, der allgemein (wie der Adel es nennt) als Tommy Myles bekannt ist. Tommy hatte auch ein kleines Zimmer in den Temple Chambers, wo die beiden Nestons und Mr. Blodwell ihrem Lebensunterhalt nachgingen; aber Tommys Auftritte im letztgenannten Resort waren selten und kurz. Er störte George auch in der Half Moon Street nicht sonderlich, da er ein junger Mann war, der sich sehr für die Gesellschaft aller Art interessierte und sehr dazu neigte, im Bett zu liegen, wenn die meisten Leute wach waren, und *umgekehrt* . Heute Abend war er jedoch zufällig zu Hause, und George fand ihn mit den Füßen auf dem Kaminsims, wie er die Abendzeitung las.

„Nun, wie ist sie?" fragte Tommy.

„Sie ist ungewöhnlich hübsch und sehr angenehm", sagte George. Warum sollte er noch mehr sagen, bevor er sich entschieden hatte?

"Wer war sie?" verfolgte Tommy, erhob sich und stopfte seine Pfeife.

"Ah! Ich weiß nicht. Ich wünschte, ich hätte."

„Sieh nicht, dass es dir wichtig ist. Ist sonst noch jemand da?“

„Oh, ein paar Leute.“

„Miss Bourne?“

„Ja, sie war da.“

Tommy zwinkerte, seufzte gewaltig und nahm einen großen Schluck Brandy und Limonade.

"Wo bist du gewesen?" fragte George und wechselte das Thema.

„Oh, zum Escurial – zu einer vulgären, wirklich sehr vulgären Unterhaltung – so vulgär, wie man es in London finden kann.“

„Gehst du wieder raus?“

„Mein lieber Georg! Es ist kurz vor zwölf!“ sagte Tommy in vorwurfsvollem Ton.

„Oder ins Bett?“

"NEIN. George, du hast meine Gefühle verletzt. Kann es sein, dass du allein sein möchtest?“

„Na ja, halte auf jeden Fall den Mund, Tommy. Ich möchte nachdenken.“

"Nur ein Wort. War sie grausam?“

„Oh, geh raus. Hier, gib mir etwas zu trinken.“

Tommy widmete sich dem *Bull's-eye* , dem berühmten Druck, dessen Motto „ *Lux in tenebris* “ *lautet* (was natürlich Werbung an zwielichtigen Orten bedeutet), und George machte sich daran, darüber nachzudenken, was er in Sachen Neaera Witt am besten tun sollte.

Die Schwierigkeiten der Situation waren offensichtlich genug, aber für George bestanden sie nicht so sehr in der Frage, was zu tun sei, sondern in der, wie es zu tun sei. Er hatte von Anfang an ziemlich deutlich gemacht, dass Gerald Neaera nicht heiraten dürfe, ohne zu wissen, was er ihm sagen könne; wenn er es später tun wollte, gut und schön. Aber natürlich würde er das nicht tun. Kein Neston würde das tun, dachte George, der seinen vollen Anteil am Familienstolz hatte. Männer aus guter Familie gingen zwar schändliche Ehen ein, aber nicht mit Dieben; und jedenfalls war nichts dergleichen in den Annalen der Nestons verzeichnet. Wie sollte er seinem Onkel und Gerald ins Gesicht sehen, wenn er den Mund hielt? Sein Vorgehen war sehr klar. Nur – nun, es war eine ungewöhnlich unangenehme

Rolle für ihn – die des Denunzianten und Entlarvens einer Frau, die sehr wahrscheinlich nicht schlechter war als viele andere und zweifellos viel besser aussah als die meisten anderen. Die ganze Situation hatte einen unangenehmen Beigeschmack von Melodrama, und George musste in der Rolle des Schurken erscheinen, eines Schurken mit den besten Absichten und der klarsten Pflicht. Es gab nur eine Hoffnung. Vielleicht würde Mrs. Witt erkennen, dass es klug war, sich rechtzeitig zurückzuziehen. Sicherlich würde sie das. Sie würde dem Sturm niemals standhalten. Dann musste Gerald nichts davon wissen, und eine sechsmonatige Reise – sagen wir nach Amerika, wo hübsche Mädchen leben – würde sein gebrochenes Herz heilen. Nur – aber auch nur – George hatte keine große Lust auf das Gespräch, das vor ihm lag. Mrs. Witt würde wahrscheinlich weinen, und er würde sich wie ein Tier vorkommen, und –

"Herr. Neston", verkündete Tommys Kammerdiener und öffnete die Tür.

Gerald war seinem Vetter nach Hause gefolgt, sehr darauf bedacht, beglückwünscht zu werden, und noch mehr darauf bedacht, nicht besorgt zu wirken. Tommy empfing ihn überschwänglich. Warum war er nicht zum Abendessen eingeladen worden? Könnte er Frau Witt besuchen? Er hörte, dass sie eine Haarschneidemaschine war; und so weiter. Georges Glückwünsche blieben ihm im Hals stecken, aber er brachte sie heraus, in der Hoffnung, dass Neaera ihn früher oder später von der Notwendigkeit befreien würde, sie aufzufressen. Gerald strahlte. Er schien „Peckton" völlig vergessen zu haben, obwohl er lautstark die unnatürliche Härte von Mr. Blodwells Kopf anprangerte. Oh, und das Letzte, was Neaera sagte, war: Würde George sie besuchen gehen?

„Sie hat ganz schön Gefallen an dir gefunden, alter Mann", sagte er liebevoll. „Sie sagte, Sie hätten sie an einen Richter erinnert."

George lächelte. Praktizierte Neaera *eine Doppeldeutigkeit* gegenüber ihrer Verlobten?

„Was für eine höllisch unangenehme Aussage!" rief Tommy aus.

„Natürlich werde ich sie besuchen gehen", sagte George, „morgen, wenn ich Zeit finde."

„Das werde ich auch tun", fügte Tommy hinzu.

Gerald war zufrieden. Es gefiel ihm, wenn sein Geschmack durch die Zustimmung seiner Freunde bestätigt wurde. „Es ist an der Zeit, dass der alte George diesem Beispiel folgt, nicht wahr, Tommy? Ich habe ihm einen Hinweis gegeben."

Georges Verbundenheit mit Isabel Bourne war in seinem Bekanntenkreis eine anerkannte Tatsache. Er hat es nie geleugnet: Er mochte sie sehr und hatte vor, sie zu heiraten, wenn sie ihn haben wollte. Und er zweifelte nicht wirklich daran, dass sie es tun würde. Wenn er gezweifelt hätte, wäre er ohne eine ausdrückliche Zusicherung nicht so zufrieden damit gewesen, sich auszuruhen. So wie es war, gab es keine Eile. Lassen Sie die Praxis noch ein wenig wachsen. Er und Isabel verstanden sich, und sobald sie bereit war, war er bereit. Aber lange Verlobungen waren für alle ein Ärgernis. Dies waren seine Gefühle, und er glaubte, aufgrund dieser Gefühle in Isabel verliebt zu sein. Es gibt viele Arten, verliebt zu sein, und es würde an Toleranz mangeln, zu leugnen, dass George eine davon ist, obwohl sie sich sicherlich von einigen anderen sehr unterscheidet.

Tommy stimmte zu, dass George seine Zeit verschwendete, und führte Gerald mit echter Freundlichkeit zurück zu dem Thema, das ihn beschäftigte.

Gerald nutzte die Gelegenheit gerne. „Wo habe ich sie getroffen? Oh, unten in Brighton, letzten Winter. Dann verfolgte ich sie, wissen Sie, nach Manchester und fand sie in einer riesigen Villa am Rande dieses abscheulichen Ortes wohnend. Neaera hasste es, aber natürlich musste sie dort leben, solange Witt lebte, und sie hatte das Haus behalten.“

„Sie ist also nicht in Manchester geboren?“

"NEIN. Ich weiß nicht, wo sie geboren wurde. Ihr Vater scheint ein romantischer alter Herr gewesen zu sein. Er war von Beruf Maler – ein Künstler, ich meine, Sie wissen schon – Landschaftsmaler und so weiter.“

„Und ging umher und suchte nach Naturstücken zum Töten, was?“ fragte Tommy.

"Das ist alles. Ich glaube nicht, dass er darin große Probleme hatte. Zumindest hat er nicht viel verdient; und schließlich ließ er sich in Manchester nieder und versuchte, seinen Lebensunterhalt zu verdienen, indem er für die Händler arbeitete. Witt liebte Bilder, und als Neaera zum Verkauf kam, sah er sie und –“

„Die Romanze des verstorbenen Witt begann?“

„Ja, verwirr ihn! Ich bin schrecklich eifersüchtig auf den alten Witt, obwohl er tot ist.“

„Das ist undankbar“, bemerkte George, „wenn man bedenkt …“

"Stille! „Du wirst seine Gefühle verletzen“, sagte Tommy. „Er hat das Geld völlig vergessen.“

„Es ist alles sehr gut für dich –“, begann Gerald.

Aber George mischte sich ein: „Wie war sein Name?“

„Witt's? Oh, Jeremiah, ich glaube.“

„Witt? Nein. Hang Witt! Der Name des Vaters.“

„Oh! – Gale. Er scheint ein seltsamer alter Junge gewesen zu sein – sowohl ein Gelehrter als auch ein Künstler.“

„Das erklärt wohl die ‚Neaera‘“, sagte Tommy.

„Neaera Gale“, dachte George. „Daran erinnere ich mich nicht.“

„Hübscher Name, nicht wahr?“ fragte der verliebte Gerald.

„Oh, trockne dich!“ rief Tommy aus. „Wir können dich nicht mehr verwöhnen. Geh nach Hause ins Bett. Du kannst von ihr träumen, weißt du.“

Gerald akzeptierte diesen Hinweis und zog sich zurück, immer noch in dem Zustand selbstbewusster Glückseligkeit, der Georges Brust mit Kummer und Bestürzung erfüllte.

„Ich könnte genauso gut die Schlange in Eden sein“, sagte er, während er im Bett lag und traurig rauchte.

KAPITEL III.
„Was sind Viertelsitzungen?“

DIE Atmosphäre in Nr. 3, Indenture Buildings, Temple, war stürmisch. Es war vier Uhr, und Mr. Blodwell war in schlimmster schlechter Laune aus dem Gericht gekommen. Er war wütend auf George Neston, der, weil er mit ihm in einem Fall war, weggegangen war und ihn ohne jemanden zurückgelassen hatte, der ihm seine Fakten mitteilen konnte. Er war wütend auf Tommy Myles, der sich geweigert hatte, einige Zeitungen für ihn zu lesen; brutal gegen Herrn Richter Pounce, der seine Rede vor der Jury verkürzt hatte – Pounce, der hundertmal jünger als er gewesen war! – brutal gegen Mr. Timms, seinen Angestellten, weil er Timms gegenüber immer wütend war, wenn er wild war mit anderen Leuten. Tommy war vor dem Sturm geflohen; und jetzt bürstete George zu Mr. Blodwells grenzenloser Empörung auch seinen Hut mit der offensichtlichen Absicht, aufzubrechen.

„Zu meiner Zeit verließen aufstrebende Junioren“, sagte Mr. Blodwell sarkastisch, „die Kammern nicht um vier.“

„Geschäftlich“, sagte George und zog seine Handschuhe an.

„Frauen“, antwortete sein Anführer kurz und verächtlich.

„In diesem Fall ist es dasselbe. Ich werde Frau Witt sehen.“

Die Person von Herrn Blodwell drückte moralische Verwerfung aus. George blieb jedoch ungerührt und der ältere Mann warf ihm einen verstohlenen Blick zu.

„Ich weiß nicht, was los ist, George“, sagte er, „aber pass auf dich auf.“

„Nichts ist los.“

„Warum bist du dann gesprungen?“

„Timms, ein Hansom“, rief George. „Ich werde morgen den ganzen Tag vor Gericht sein und dafür sorgen, dass Sie auf dem Laufenden bleiben, Sir.“

„Um Himmels Willen, tun Sie es. Dieser Pounce ist so ein Bettler, wenn es um Dates geht. Jetzt gehe raus."

Frau Witt wohnte in Albert Mansions, der „vornehmen Villa“ in Manchester, die zu Herrn Witt in die Schwebe gegangen war. Sie war zu Hause, und als George eintrat, betete er nur darum, dass er Gerald nicht im Besitz finden möge. Er hatte keine klare Vorstellung davon, wie er bei seiner unangenehmen Aufgabe vorgehen sollte. „Es muss davon abhängen, wie sie es aufnimmt“, sagte er. Gerald war nicht da, aber Tommy Myles war redselig, fröhlich und sehr zu Hause und erzählte Neaera Geschichten aus der Schulzeit ihres Geliebten. George mischte sich ein, so gut er konnte, bis

Tommy aufstand, um zu gehen, und die Konvention bedauerte, die einen Mann dazu veranlasste, spätestens fünf Minuten nach dem Eintreffen eines anderen seinen Hut abzunehmen. Neaera drängte ihn, noch einmal zu kommen, forderte ihn jedoch nicht dazu auf gegen die Konvention verstoßen.

George hatte fast gehofft, dass sie es tun würde, denn er hatte, wie er sich selbst eingestand, „einen Funken drauf". In Neaera gab es keinerlei Anzeichen für ein solches Gefühl und auch keine Wiederholung der appellierenden Haltung, die sie in der Nacht zuvor eingenommen zu haben schien.

„Sie will mich täuschen", dachte George, als er zusah, wie sie sich auf einen niedrigen Stuhl am Feuer setzte und ihr Gesicht mit einem großen Fächer beschattete.

„Es ist so schön", begann sie, „von Geralds Familie und Freunden so herzlich willkommen geheißen zu werden." Ich fühle mich überhaupt nicht wie ein Fremder."

„Ich kam gestern Abend in der Hoffnung, an diesem Empfang teilzunehmen", sagte George.

„Oh, ich hatte überhaupt nicht das Gefühl, dass du ein Fremder bist. Gerald hatte mir so viel über dich erzählt."

George stand auf und ging zum Ende des kleinen Zimmers und zurück. Dann stand er da und blickte auf seine Gastgeberin herab. Neaera blickte nachdenklich ins Feuer. Es war ungewöhnlich schwierig, aber welchen Nutzen hatte das Fechten?

„Ich habe gesehen, dass du mich erkannt hast", sagte er bewusst.

"In einer Minute. Ich hatte Ihr Foto gesehen."

„Nicht nur mein Foto, sondern auch ich selbst, Frau Witt."

"Habe ich?" fragte Neaera. „Wie unhöflich von mir, das zu vergessen! Wo war es? Brighton?"

Georges Herz verhärtete sich ein wenig. Natürlich würde sie lügen, das arme Mädchen. Das machte ihm nichts aus. Aber er mochte kein künstlerisches Lügen, und Neaeras Lügen kamen ihm künstlerisch vor.

„Aber bist du sicher?" Sie machte weiter.

George beschloss, einen plötzlichen Angriff zu versuchen. „Haben sie dir jemals diese Guinea gegeben?" sagte er und strengte seine Augen an, um ihr Gesicht zu beobachten. Ist sie rot geworden oder nicht? Er konnte es wirklich nicht sagen.

"Wie bitte. Guinea?"

„Kommen Sie, Frau Witt, wir müssen es nicht unangenehmer als nötig machen. Ich habe gesehen, dass du mich erkannt hast. In dem Moment, als Mr. Blodwell von Peckton sprach, erkannte ich Sie. Bitte denken Sie nicht, dass ich hart zu Ihnen sein möchte. Ich kann und werde jede Rücksicht nehmen."

Neaeras Gesicht drückte leeres Erstaunen aus. Sie stand auf und machte einen Schritt auf die Glocke zu. George war gekitzelt. Sie hatte die erstaunliche Unverschämtheit, durch diese Bewegung und ihre ganze Haltung subtil, aber deutlich deutlich zu machen, dass sie dachte, er sei betrunken.

„Klingeln Sie, wenn Sie möchten", sagte er, „oder fragen Sie mich besser, ob Sie möchten, dass die Glocke läutet." Aber wäre es nicht besser, die Sache jetzt zu klären? Ich möchte Gerald nicht belästigen."

„Ich glaube wirklich, dass du mir mit etwas drohst", rief Neaera aus. „Ja, auf jeden Fall. Mach weiter."

Sie bedeutete ihm, sich auf einen Stuhl zu setzen, stellte sich über ihn und stützte einen Arm auf den Kaminsims. Sie atmete ein wenig schnell, aber George zog daraus keine Schlussfolgerung.

„Vor acht Jahren", sagte er langsam, „haben Sie mich als Ihren Anwalt eingestellt. Sie wurden wegen Diebstahls – Diebstahl eines Paares Schuhe – im Peckton Quarter-Sessions angeklagt. Sie haben mich gegen eine Gebühr von einer Guinee behalten."

Neaera war regungslos, aber ein leichtes Lächeln zeigte sich auf ihrem Gesicht. „Was sind Quarter-Sessions?" Sie fragte.

„Sie haben sich der Anklage schuldig bekannt und wurden zu einer einmonatigen Haftstrafe mit Zwangsarbeit verurteilt. Die Guinea, nach der ich Sie gefragt habe, war mein Honorar. Ich habe es diesem dicken Polizisten gegeben, damit er es dir zurückgibt."

„Entschuldigen Sie, Mr. Neston, aber es ist wirklich zu absurd." Und Neaera entspannte ihre statuarische Haltung und lachte unbeschwert und köstlich. „Kein Wunder, dass Sie letzte Nacht erschrocken waren – oh ja, das habe ich gesehen –, wenn Sie *die Verlobte* Ihrer Cousine mit diesem Verbrecher identifiziert haben, von dem Sie sprechen."

„Ich habe sie identifiziert und tue es auch."

"Ernsthaft?"

"Perfekt. Es wäre ein schlechter Witz."

„Ich habe noch nie etwas so Ungeheuerliches gehört. Bleiben Sie wirklich dabei? Ich weiß nicht, was ich sagen soll."

„Leugnen Sie es?"

"Lehne es ab! Ich könnte es genauso gut leugnen – aber natürlich leugne ich es. Es ist Wahnsinn."

„Dann muss ich mein Wissen meinem Onkel und Gerald vorlegen und ihnen überlassen, so zu handeln, wie sie es für richtig halten."

Neaera machte einen Schritt nach vorne, als George von seinem Platz aufstand. „Wollen Sie diesen grausamen – diesen wahnsinnigen Skandal wiederholen?"

„Ich denke, ich muss. Ich wäre froh zu glauben, dass ich eine Alternative hätte."

Neaera hob eine weiße Hand über ihren Kopf und senkte sie mit einer leidenschaftlichen Geste durch die Luft.

„Ich warne dich nicht!" Sie weinte; „Ich warne dich nicht!"

George verneigte sich.

„Es ist eine Lüge, und – und wenn es wahr wäre, könnte man es nicht beweisen."

George hielt dies für ihren ersten Fehltritt. Aber es gab keine Zeugen.

„Es wird Krieg zwischen uns sein", fuhr sie mit wachsender Aufregung fort. „Ich werde vor nichts – nichts – stehen, um dich zu vernichten; und ich werde es tun."

„Du darfst nicht versuchen, mir Angst zu machen", sagte George.

Neaera musterte ihn von Kopf bis Fuß. Dann streckte sie erneut ihre weiße Hand aus und sagte:

"Gehen!"

George zuckte mit den Schultern, nahm seinen Hut und ging mit dem Gefühl, als hätte Neaera ihn beim Diebstahl entdeckt. So groß ist die Tugend einer guten Präsenz und eines dramatischen Instinkts.

Plötzlich hielt er inne; dann ging er wieder zurück und klopfte an die Tür.

„Komm herein", rief Neaera.

Als er eintrat, machte sie eine ungeduldige Bewegung. Sie stand immer noch dort, wo er sie zurückgelassen hatte.

„Bitte verzeihen Sie mir. Ich habe vergessen, eines zu sagen. Als Angehöriger meiner Familie interessiere ich mich natürlich nur für diese Angelegenheit. Ich bin kein Detektiv. Wenn du Gerald aufgibst, ist mein Mund versiegelt.“

„Ich werde Gerald nicht aufgeben“, rief sie leidenschaftlich. "Ich liebe ihn. Ich bin keine Abenteurerin; Ich bin schon reich. ICH--"

„Ja, du könntest höher schauen als Gerald und das alles vermeiden.“

"Es ist mir egal. Ich liebe ihn."

George glaubte ihr. „Ich wünschte bei Gott, ich könnte dich verschonen –“

"Verschone mich? Ich bitte dich nicht um Gnade. Du bist ein Verleumder –
“

„Ich dachte, ich würde es dir sagen“, sagte George ruhig.

„Wirst du nicht gehen?“ Sie weinte. Und ihre Stimme brach in ein Schluchzen aus.

Das war schlimmer als ihre tragischen Auftritte. George floh ohne ein weiteres Wort, verfluchte sich selbst als hartherzigen, selbstgerechten Idioten und verfluchte dann das Schicksal, das ihm diese Last auferlegt hatte. Was machte sie jetzt, fragte er sich. Jubelt sie über ihren Triumph? Er hoffte es; denn ein anderes Bild erfüllte ihn hartnäckig – eine schöne Frau, deren Gesicht in ihren weißen Armen vergraben war und die den Glanz aus ihren Augen weinte, und das alles nur, weil George Neston ein Pflichtgefühl hatte. Dennoch schwankte er nicht ernsthaft in seiner Entschlossenheit. Wenn Neaera die ganze Angelegenheit zugegeben und ihn um Gnade gebeten hätte, wäre sein Entschluss seiner Meinung nach auf eine harte Probe gestellt worden. Aber ohnehin hatte er den Eindruck, dass er es mit einer geübten Hand zu tun hatte, und vielleicht vermischte sich ein wenig professioneller Eifer mit seinem ehrlichen Gefühl, dass eine Frau, die so lügen würde, eine Frau sei, die man in ihr zeigen sollte wahre Farben.

„Ich werde es Onkel Roger und Gerald morgen erzählen“, dachte er. „Natürlich werden sie einen Beweis verlangen. Das bedeutet eine Reise nach Peckton. Verwirren Sie die Angelegenheiten anderer!“

Georges Vermutung war richtig. Neaera Witt hatte die erste halbe Stunde nach seiner Abreise auf eine ebenso herzzerreißende Weise verbracht, wie er es sich vorgestellt hatte. Alles lief so gut. Gerald war so bezaubernd und das

Leben sah endlich so strahlend aus, und jetzt kam das! Aber Gerald sollte mit ihr speisen, und es blieb nicht viel Zeit, sie mit Weinen zu verschwenden. Sie trocknete ihre Augen, brachte ihnen wieder ihren Glanz zurück und machte eine wundervolle Toilette. Dann unterhielt sie Gerald und erfüllte ihn den ganzen Abend mit Freude. Und um elf Uhr, gerade als sie ihn aus seinem Paradies vertrieb, sagte sie:

„Dein Cousin George war heute hier.“

„Ah, war er? Wie bist du mit ihm ausgekommen?“

Neaera hatte ihrem Geliebten seinen Hut gebracht. Er brauchte einen starken Hinweis, der ihn bewegte. Aber sie legte den Hut ab und kniete ein oder zwei Minuten schweigend neben Gerald.

„Du siehst traurig aus, Liebling“, sagte er. „Haben Sie und George sich gestritten?“

„Ja – ich – es ist sehr schrecklich.“

„Warum, was, meine Süße?“

„Nein, ich werde es dir jetzt nicht sagen. Er soll nicht sagen, dass ich dich zuerst erwischt und deinen Geist in Besitz genommen habe.

„Was in aller Welt ist los, Neaera?“

„Das wirst du bald hören, Gerald. Aber du wirst es von ihm hören. Ich werde nicht – nein, ich werde nicht der Erste sein. Aber, lieber Gerald, wirst du nichts gegen mich glauben?“

„Sagt George etwas gegen dich?“

Neaera warf ihre Arme um seinen Hals. „Ja“, flüsterte sie.

„Dann soll er sich darum kümmern, was es ist. Neaera, sag es mir.“

"Nein nein Nein! Er wird es dir zuerst sagen.“

Sie war fest; und Gerald ging weg, voller Erstaunen und Zorn.

Aber Neaera sagte sich, als sie allein war: „Ich denke, das war richtig. Aber, oh je, oh je! Was für eine Aufregung um“ – sie hielt inne und fügte hinzu – „nichts!“

Und selbst wenn es nicht ganz nichts wäre, wenn es auch nur ein Paar Schuhe wäre, drohte die Wirkung in keinem Verhältnis zur Ursache zu stehen. Der alte Dawkins, der wählerische Angestellte und der dicke Polizist hätten nie an eine solche Spirale denken können, sonst hätten sie das namenlose Mädchen unter Missachtung aller Gesetze des Landes freigelassen.

KAPITEL IV.
EINE SCHLANGE IN EDEN.

NACH reiflicher Überlegung lehnte Gerald Neston es ab, wütend zu sein. Als er Georges Geschichte gehört hatte, war er zunächst wütend geworden und hatte bittere Dinge über rücksichtsloses Reden und sogar über böswillige Verleumdung gesagt. Aber wirklich, als man es sich ansah, war die Sache zu absurd – keinen Moment der Überlegung wert – außer dass sie Neaera natürlich verärgert hatte und natürlich einige Unannehmlichkeiten hinterlassen musste. Armer alter Georg! Diesmal hatte er ein Stutennest aufgespürt, und das war kein Fehler. Zweifellos konnte er keinen Dieb heiraten; Aber wer würde dieser Geschichte bei nüchternem Verstand irgendeine Bedeutung beimessen? George hatte getan, was seiner Meinung nach seine Pflicht war. Lass es ruhen. Als er seine Torheit sah, würde Neaera ihm vergeben, wie das süße Mädchen, das sie war. Tatsächlich hat Gerald die ganze Sache vermasselt, und das nicht zuletzt, weil er, nicht unnatürlich, mit einer Anschuldigung ganz anderer Art gerechnet hatte, unverzeihlicher, weil nicht so unverschämt unwahrscheinlich und wild.

Lord Tottlebury konnte nicht damit einverstanden sein, das, was er als „den Vorfall" bezeichnete, so unbekümmert zu behandeln. Er verschonte seine Zuhörer nicht mit dem altbekannten Vorbild von Caesars Frau; und obwohl er nach einer Unterredung mit Neaera von ihrer Unschuld überzeugt war, war es seiner Meinung nach höchst wünschenswert, dass George seinen eigenen Verstand durch eine Untersuchung von dieser seltsamen Vorstellung befreien würde.

„Auf jeden Fall wird die Ehe erst in drei Monaten zustande kommen. Gehen Sie und überzeugen Sie sich von Ihrem Fehler, und dann, mein lieber George, werden wir Ihren Frieden mit der Dame schließen. Ich brauche Sie nicht zu ermahnen, die Sache nicht weitergehen zu lassen."

Als wohlmeinende, aber fehlgeleitete Person behandelt zu werden, ist das Ärgerlichste auf der Welt, und George musste hart daran arbeiten, die Beherrschung dieser Behandlung zu bewahren. Aber er erkannte, dass es ihm möglicherweise schlechter ergangen wäre, und in Wahrheit verlangte er nur eine Aussetzung der Ehe bis zur Untersuchung – ein Zugeständnis, zu dem er wusste, dass Lord Tottlebury bereit war, obwohl natürlich Beweise vorgelegt werden mussten in angemessener Zeit.

„Ich fühle mich verpflichtet, mich damit zu befassen", sagte er. „Da ich damit begonnen habe, werde ich keine Mühen scheuen. Niemand wünscht sich sehnlicher als ich selbst, dass ich mich zum Arsch gemacht hätte." Und er kam diesem lobenswerten Geisteszustand wirklich so nahe, wie es in der menschlichen Natur liegt.

Bevor die Konferenz endete, schlug Lord Tottlebury vor, dass George eines sofort tun könne: Er könne das Datum des Prozesses in Peckton nennen. George führte kein Tagebuch, aber er wusste, dass die schicksalhafte Expedition zu seinen frühesten beruflichen Reisen nach seiner Berufung als Anwalt gehört hatte. Nur sehr junge Männer gingen nach Peckton, und seiner Erinnerung zufolge ereignete sich der Vorfall im April nach seinem Anruf.

„April vor acht Jahren war die Zeit", sagte er. „Ich verpflichte mich nicht zu einem Tag."

„Du verpflichtest dich dem Monat?" fragte sein Onkel.

„Ja, auf den Monat, und ich wage zu behaupten, dass ich den Tag finden werde."

„Und wann gehst du nach Peckton?"

"Samstag. Ich kann unmöglich vorher."

Das Interview fand am Dienstagabend statt und am Mittwoch ging Gerald, um Neaera den Stand der Dinge darzulegen.

Neaera war gereizt, verächtlich, fast leichtfertig. Darüber hinaus war sie mysteriös.

"Herr. George Neston hat seine Gründe", sagte sie. „Er wird seine Anklage nicht zurückziehen. Ich weiß, dass er es nicht tun wird."

„Mein Liebster, George ist ein erstklassiger Kerl, so ehrenhaft wie der Tag. Wenn er findet – vielmehr, wenn er findet –"

Alles, was Neaera sagte, war: „Ehrenwert!" Aber sie hat viel in dieses eine Wort gesteckt. „Du lieber, einfacher Kerl!" Sie fuhr fort: „Sie haben gegen niemanden einen Verdacht. Aber er soll darauf achten, wie er durchhält."

Mehr konnte sie nicht herausbekommen, aber sie sprach offen über ihre eigenen vermeintlichen Verfehlungen und übergoss Georges unglücklichen Kopf mit einer Flut von Spott und Bitterkeit.

„Du nennst ihn einen Narren!" rief sie als Antwort auf Geralds halbherzige Verteidigung. „Ich weiß nicht, ob er ein Narr ist, aber ich hoffe, es geht ihm nicht schlechter."

„Wer bekommt es so schön warm, Frau Witt?" fragte die fröhliche Stimme von Tommy Myles. „Die Tür war angelehnt und deine Worte drängten sich – du weißt schon."

„Wie geht es Ihnen, Mr. Myles?“

„Da Sie mich eingeladen hatten und Ihr Diener nicht da war, sagte mir der Portier, ich solle hereinkommen.“

„Ich bin sehr froh, dass du das getan hast. Es gibt nichts, was man nicht hören kann.“

„Oh, ich sage, Neaera!“ rief Gerald hastig aus.

„Warum sollte er es nicht hören?“ forderte Neaera und wandte sich ihm in größter Empörung zu. „Hast du Angst, dass er es glaubt?“

"NEIN; aber wir dachten alle –“

„Ich meinte Mr. George Neston“, sagte Neaera.

"George!" rief Tommy aus.

„Und ich werde dir sagen, warum.“ Und trotz Geralds Protest schüttete sie ihre Geschichte des Unrechts in Tommys mitfühlende und weit geöffnete Ohren.

"Dort! Erzähl es niemand anderem. Lord Tottlebury sagt, das dürfen wir nicht. Es macht mir nichts aus, für mich selbst, wer weiß das.“

Tommy war überwältigt. Sein Verstand weigerte sich zu handeln. „Er ist ein Wahnsinniger!“ er definierte. „Ich glaube nicht, dass es sicher ist, mit ihm zusammenzuleben. Er wird mir die Kehle durchschneiden oder so.“

"Ach nein; Sein Wahnsinn ist unter Kontrolle – ein gut trainierter, gehorsamer Wahnsinn“, sagte Neaera und verfiel wieder ins Mysterium.

„Wir hoffen alle“, sagte Gerald, „er wird seinen Fehler bald herausfinden und es muss nichts daraus werden.“ Halt deinen Mund, mein Junge.“

"In Ordnung. Ich bin still wie das kalte Grab. Aber ich bin da-——“

„Haben Sie noch etwas Tee?“ sagte Neaera und lächelte sehr gnädig. Sollte sie einen so herzlichen Champion nicht belohnen?

Als sich die beiden jungen Männer verabschiedeten und gemeinsam weggingen, wetteiferte Tommy mit der Lautstärke seiner Empörung sogar mit Gerald.

"Eine Lüge! Natürlich ist es das, aber ich meine nicht, dass der alte George es nicht glaubt – der alte Arsch! Die bloße Tatsache, dass sie darauf bestand, mir davon zu erzählen, reicht aus. Sie würde das nicht tun, wenn es wahr wäre.“

„Natürlich nicht", stimmte Gerald zu.

„Sie wäre dafür, es zu vertuschen."

Gerald stimmte erneut zu.

„Es ist nur George zuliebe, dass wir so sehr darauf bedacht sind, es geheim zu halten", fügte er hinzu. „Obwohl Neaera es natürlich nicht einmal in der ganzen Stadt haben möchte."

„Ich denke, ich sage George besser, dass ich es weiß?"

„Oh ja. Sie werden es bestimmt auf Ihre Art zeigen."

George war nicht überrascht, als er hörte, dass Neaera Tommy Myles zu seiner Vertrauten gemacht hatte. Das passte ganz zu der Rolle, die sie spielte, so wie er sie sich vorstellte. Auch Tommys unverblümte Rügen nahm er ihr nicht übel.

„Mische dich nicht unnötig in unangenehme Dinge ein, mein Sohn", war alles, was er als Antwort auf diese Tiraden sagte. „Zu Hause essen?"

„Nein", schnaubte Tommy höchst empört.

„Mit Leuten wie mir wollen Sie nicht Ihr Brot brechen?"

„Ich gehe ins Theater und danach zum Abendessen."

"Mit wem?"

„Eunice Beauchamp."

„Meine Güte, was für ein hübscher Name!", sagte George. „Eine Kurzform von ‚Betsy Jones', nehme ich an?"

„Geh zum Teufel", sagte Tommy. „Du wirst ihr doch nicht vorwerfen, dass sie sich einbildet, oder?"

„Sie entführt kleine Jungen", sagte George, der sich zu etwas Rache berechtigt fühlte, „und behält sie, bis sie fast erwachsen sind."

„Ich glaube nicht, dass du sie jemals in deinem Leben gesehen hast."

„Oh ja, das habe ich – das erste Stück, das ich je gesehen habe, vor zwanzig Jahren."

Und so trennten sich mit Eunice Beauchamp, *alias* Betsy Jones, und Neaera Witt, *alias* – was? – zwei Freundinnen für diesen Abend mit einem Mangel an Herzlichkeit.

„Sie spielt ein mutiges Spiel", dachte George, als er sein einziges Kotelett aß; „Aber zu kühn. Sie übertreiben es, Frau Witt. Ein unschuldiges Mädchen würde einem Fremden so etwas nicht erzählen, so falsch es auch sein mag."

Diese Überlegung zeigte nur, dass die Dinge auf unterschiedliche Menschen unterschiedlich wirken.

George brauchte Trost. Das Gefühl der Schlange in Eden war stark in ihm. Er wollte jemanden, der nicht nur seine Integrität anerkennt, sondern auch seine Diskretion bewundert. Er hatte eine Karte für Mrs. Pocklingtons Zuhause und Isabel sollte dort sein. Er würde gehen und mit ihr reden; Vielleicht würde er ihr alles darüber erzählen, denn Neaeras Vertrauen gegenüber Tommy Myles entbindete ihn sicherlich von der strengen Verpflichtung zur Geheimhaltung. Isabel war ein vernünftiges Mädchen; Sie würde seine Position verstehen und ihn nicht als eine Mischung aus Idiot und Einbrecher betrachten, weil er getan hatte, was offensichtlich richtig war. Also ging George mit dem Rest der Welt zu Mrs. Pocklington. denn alle gingen dorthin. Mrs. Pocklington – Eleanor Fitzderham, die Pocklington, den großen Reeder und Mitglied von Dockborough, heiratete – hatte mehr für die Vereinigung der Klassen und Massen getan als Hunderte von Wohltätigkeitsvereinen, und zwar auf angenehmere Weise; und wenn auf ihren Partys die Großen nicht immer mit den Kleinen sprachen, so befanden sich die Kleinen doch mit den Großen im selben Raum, was sogar im Moment etwas ist und für zukünftige Referenzzwecke eigentlich fast genauso gut ist.

George bahnte sich seinen Weg durch die überfüllten Räume und erkannte dabei viele Bekannte. Da sprach Mr. Blodwell mit der letzten neuen Schönheit – er hatte ein wunderbares Händchen dafür – und Sidmouth Vane sprach mit der letzten neuen Erbin, die ihn in ein oder zwei Monaten ablehnen würde. Ein atheistischer Philosoph diskutierte mit einer hochkirchlichen Bischöfin – Frau … – über die Stagnation der Aktienmärkte. Pocklington hatte immer das Ziel, die Leute auf ihre gemeinsamen Interessen aufmerksam zu machen: und Lady Wheedleton von der Primrose League hörte sich Professor Dressinghams Beschreibung des neuesten Rezepts für Mist an, mit dem Eindruck, dass das Thema nicht ganz anständig war, aber nützlich sein könnte bei Wahlen. General Sir Thomas Swears fragte, ob jemand den Kriegsminister gesehen habe – er wollte ihm etwas über das letzte Gewehr sagen; aber niemand hatte. Die Gräfin Hilda von Someveretheim erläuterte dem Minister der Republik Compostella das Problem des „dunkelsten Englands"; Richter Cutter, der amerikanische Mystiker, befragte den Kapitän des Oxford Boat Club nach der Philosophie Hegels, und Miss Zoe Ballance, die hübsche Schauspielerin, diskutierte mit

Oberst Belamour von der Garde über die Beziehungen von Kunst und Moral.

George neigte dazu, sich über die Atmosphäre allgemeiner Freude zu ärgern, die den Ort durchdrang: Sie kam ihm ein wenig gefühllos vor. Aber der Anblick von Isabel tröstete ihn. Sie sprach mit einem schmächtigen jungen Mann, der eine Brille trug und einen Gesichtsausdruck zeigte, der den Schluss nahelegte, dass er überarbeitet und überfordert sei. Tatsächlich erklärte er Miss Bourne gerade, dass es nicht so sehr die langen Arbeitszeiten waren, sondern das, was er anschaulich als „Zerren an seinen Nerven" beschrieb, das ihn erschöpfte. Isabel hatte noch nie unter dieser besonderen Folter gelitten, war aber sehr mitfühlend, sagte, dass sie das Gleiche schon oft von anderen Literaten gehört hatte (was stimmte), und versprach, später am Abend mit Mr. Espion zum Abendessen zu gehen. Mr. Espion ging seinem Geschäft nach (denn tatsächlich „machte" er die Party für das *Bull's-Eye*), und die Bühne war frei für George, der mit einer bewusst düsteren Miene auftrat. Natürlich fragte Isabel ihn, was los sei; Und irgendwie geschah es, dass sie in weniger als zehn Minuten im Besitz aller wesentlichen Fakten war, wenn es überhaupt Fakten waren, die Neaera Witt und das Paar Schuhe betrafen.

Der Effekt war eindeutig enttäuschend. Liebenswürdigkeit degeneriert in Einfachheit, wenn sie dazu führt, dass man sich weigert, offensichtliche Tatsachen zu akzeptieren, nur weil sie den Charakter eines Bekannten in Frage stellen; Und was nützt weibliche Hingabe, wenn sie nicht akzeptiert, was man sagt, nur weil man etwas Überraschendes sagt? George war sehr verärgert.

„Ich irre mich nicht", sagte er. „Ich habe nicht hastig gesprochen."

„Natürlich nicht", sagte Isabel. „Aber – aber Sie haben keinen wirklichen Beweis, oder, George?"

"Noch nicht; aber ich werde es bald haben.

„Nun, es sei denn, du bekommst es sehr bald –"

"Ja?"

„Ich denke, Sie sollten Ihre Aussage zurückziehen und sich bei Frau Witt entschuldigen."

„Glauben Sie tatsächlich, dass es falsch war, überhaupt etwas zu sagen?"

„Ich denke, ich hätte warten sollen, bis ich Beweise hatte; und dann vielleicht –"

„Jeder scheint mich für einen Arsch zu halten."

„ *Das nicht* , George; aber ein wenig – na ja – rücksichtslos.“

„Ich werde es nicht zurückziehen.“

„Nicht, wenn Sie keinen Beweis bekommen?“

George wich dieser gezielten Frage aus und nutzte die Gelegenheit zur Flucht, da das Gespräch wirklich weniger beruhigend war, als er erwartet hatte.

Mr. Espion kam zurück und fragte, warum Neston so mürrisch weggegangen sei. Isabel lächelte und sagte, Mr. Neston sei verärgert über sie. Könnte irgendjemand über Miss Bourne verärgert sein? fragte Herr Espion und fügte hinzu:

„Aber Neston ist ziemlich schrullig, nicht wahr?“

"Warum sagst du das?" fragte Isabel.

„Oh, ich weiß es nicht. Tatsache ist, dass ich mit Tommy Myles im Cancan gesprochen habe …“

„Wo, Herr Espion?“

„Im Theater, und er erzählte mir, Neston hätte eine Made im Kopf –“

„Ich glaube nicht, dass er das sagen sollte.“

Aber müssen wir länger zuhören? Und wessen Schuld war es – Neaera oder George oder Isabel oder Tommy oder Mr. Espion? Das stellte sich später als Frage, als Lord Tottlebury mit dem verletzten Vertrag und der Ausgabe des *Bull's-eye* am nächsten Tag konfrontiert wurde .

KAPITEL V.
DER ERSTE ABSATZ – UND ANDERE.

UNTER dem Druck der Umstände tun Männer sehr oft das, was sie angeblich für unmöglich halten; Dies geschieht bei Privatpersonen nicht weniger als bei politischen Parteien. George erklärte, er könne unmöglich vor Samstag nach Peckton fahren; aber er war von seiner Position so angewidert, dass er alle anderen Verpflichtungen über Bord warf und am frühen Donnerstagmorgen aufbrach, entschlossen, seinen Freunden nicht noch einmal gegenüberzutreten, ohne zu versuchen, seine Worte zu beweisen. Der alte Dawkins war tot, aber der Angestellte und vielleicht auch der Polizist lebten; und bei seiner Rückkehr in die Stadt konnte er Jennings, den Sohn des Angestellten, sehen, der sich in Lincoln's Inn als Fuhrmann niedergelassen hatte, und versuchen, sein Gedächtnis mit vor Ort zusammengetragenen Materialien aufzufrischen. Denn George hatte Mr. Jennings bereits gesehen, und Mr. Jennings erinnerte sich an nichts davon – es war nicht sein erster Auftrag –, war aber bereit, zu versuchen, sich an die Angelegenheit zu erinnern, wenn George ihm die Einzelheiten geben und ihm ein Bild davon zeigen würde Person gesucht – eine Bitte, der George im Moment nicht nachkommen wollte.

Also ging er nach Peckton und fand vielleicht so viel heraus, wie er vernünftigerweise erwarten konnte, wie sich zu gegebener Zeit herausstellen wird. Und während seiner Abwesenheit passierten einige Dinge. Zunächst wurde das *Bull's-eye* veröffentlicht, das den sogenannten „Ersten Absatz" enthielt. Der „erste Absatz" trug die Überschrift „Seltsame Anklage gegen eine Dame – angebliches Verfahren" und nannte die Familie Neston, Neaera Witt und George, so dass ihre Freunde sie identifizieren konnten. Dieser Absatz wurde mit dem Ziel eingefügt, Neaera oder George oder gegebenenfalls beiden oder jedem anderen, der „gezogen" werden könnte, die Möglichkeit zu geben, ihm zu widersprechen. Das zweite Ereignis bestand darin, dass die Freunde der Nestons sie tatsächlich identifizierten und damit begannen, den Geist aller zu öffnen, die dies nicht taten.

Dann las Mr. Blodwell, wie es seine Gewohnheit war, das *Bull's-Eye* und rief nachdenklich „Peckton!" und Lord Tottlebury, der im Club war, wurde von einem Freund, der wirklich nicht anders konnte, *ins Schwarze getroffen und ging zerstreut nach Hause;* und Tommy Myles las es und floh voller Gewissensbisse nach Brighton, um drei Tage lang frische Luft zu schnappen; und Isabel las es und gestand es ihrer Mutter und wurde gescholten und weinte; und Gerald las es und beschloss, alle Beteiligten zu treten, außer natürlich Neaera; und schließlich las Neaera es, war ziemlich verängstigt und ziemlich aufgeregt und legte ihre Rüstung zum Kampf an.

Gerald war sich jedoch bewusst, dass der Prozess, den er im Kopf hatte, so befriedigend er auch für seine eigenen Gefühle sein würde, sich nicht in jeder Hinsicht als Lösung der Schwierigkeit erweisen würde, und mit der Selbstsucht, die eine Krise in den eigenen Angelegenheiten eines Mannes mit sich bringt Er hatte keine Skrupel, eine volle Stunde von Mr. Blodwells Zeit in Anspruch zu nehmen und unter dem Vorwand, Ratschläge einzuholen, ausführlich seine Ansichten darzulegen. Mr. Blodwell hörte seiner Darstellung der Tatsachen interessiert zu, unterbrach jedoch seinen Strom empörter Kommentare.

„Das Schlimmste ist, dass es in die Zeitungen gelangt ist", sagte er. „Aber dafür sehe ich nicht, dass es von großer Bedeutung ist."

„Unwichtig?" keuchte Gerald.

„Ich nehme an, es ist Ihnen egal, ob es wahr ist oder nicht?"

„Für mich geht es um Leben und Tod", antwortete Gerald.

„Bosh! Sie wird keine Schuhe mehr stehlen, jetzt, wo sie eine reiche Frau ist."

„Sie sprechen, Sir, als ob Sie dachten –"

„Ich habe keine Meinung zu diesem Thema und es wäre auch nicht wichtig, wenn ich es getan hätte. Die Frage lautet in Kürze: Wenn es wahr wäre, würden Sie sie heiraten?"

Gerald warf sich auf einen Stuhl und biss sich auf den Fingernagel.

„Acht Jahre sind eine lange Zeit her; und Armut ist eine harte Sache; und sie ist ein hübsches Mädchen."

„Das ist eine absurde Hypothese", sagte Gerald. „Aber ein Dieb ist ein Dieb."

"WAHR. Das gilt auch für viele andere Menschen."

„Ich sollte an meinen Vater und – und die Familie denken müssen."

"Sollten Sie? Ich sollte die Familie verdammt sehen. Aber am Ende kommt es so weit: Wenn es wahr wäre, würdest du sie nicht heiraten."

"Wie könnte ich?" stöhnte Gerald. „Wir sollten beschnitten werden."

Mr. Blodwell lächelte.

„Nun, mein glühender Liebhaber", sagte er, „solange das so ist, solltest du lieber nichts tun, bis du herausgefunden hast, ob es wahr ist."

"Gar nicht. Ich habe nur die Hypothese angenommen; aber ich habe nicht den geringsten Zweifel, dass es eine Lüge ist."

„Ein Fehler – ja. Aber es liegt im *Volltreffer* und es muss mit einem Fehler in den Zeitungen gerechnet werden."

"Was soll ich tun?"

„Warte, bis George zurückkommt. Halten Sie in der Zwischenzeit den Mund."

„Ich werde dieser Lüge widersprechen."

„Viel besser nicht. Schreiben Sie ihnen nicht, sehen Sie sich nicht mit ihnen an und lassen Sie auch niemanden anders, bis George zurückkommt. Und, Gerald, wenn ich du wäre, würde ich mich nicht mit George streiten."

„Er wird es zurückziehen oder es beweisen."

Herr Blodwell zuckte mit den Schultern und beschäftigte sich demonstrativ mit dem Fall *Pigg* gegen *die örtliche Behörde von Slushton-under-Mudd* . „Das ist ein sehr seltsamer Punkt", bemerkte er. „Das Entwässerungssystem von Slushton ist –" Und er hielt mit einem Lachen inne, als er Geralds verschwindenden Rücken sah. Er rief ihm nach:

„Gehen Sie heute Nachmittag zu Frau Witt?"

„Nein", antwortete Gerald. "Diesen Abend."

Mr. Blodwell saß noch zehn Minuten bei der Arbeit. Dann klingelte er.

"Herr. Neston ist weg, Timms?"

"Jawohl."

„Dann besorge dir ein Vierrad." Und er fügte hinzu: „Ich würde sie gerne wiedersehen, in diesem neuen Licht. Ich frage mich, ob sie mich reinlässt."

Neaera ließ ihn herein. Tatsächlich schien sie sich sehr zu freuen, ihn zu sehen, und akzeptierte sanftmütig ihren Teil seiner allgemeinen Kritik an dem „Geschwätz", das stattgefunden hatte.

„Sehen Sie", sagte sie und reichte ihm eine Tasse Tee, „es schien mir kaum eine ernste Angelegenheit zu sein. Ich war natürlich wütend, aber fast eher amüsiert als wütend."

„Natürlich", antwortete Mr. Blodwell. „Aber, meine liebe junge Dame, alles, was öffentlich ist, ist ernst. Und diese Sache ist jetzt öffentlich, denn morgen wird *Bull's-Eye zweifellos* alle Ihre Namen und Adressen preisgeben."

„Das ist mir egal", sagte Neaera.

Mr. Blodwell schüttelte den Kopf. „Sie müssen an Gerald und seine Leute denken."

„Gerald zweifelt nicht an mir. Wenn er es getan hätte ..." Neaera überließ das Schicksal ihres zurückgezogenen Liebhabers der Fantasie.

„Aber Lord Tottlebury und die Welt im Allgemeinen? Die ganze Welt zweifelt immer daran."

„Das nehme ich an", sagte Neaera traurig. „Zum Glück habe ich schlüssige Beweise."

„Meine liebe Frau Witt, warum haben Sie das nicht schon früher gesagt?"

„Bevor es irgendetwas zu treffen gab? Ist das Ihre Art, Mr. Blodwell?"

„Vielleicht bringt George etwas mit, das er zu treffen hat."

Neaera stand auf und ging zu ihrem Schreibtisch. „Ich weiß nicht, warum ich es dir nicht zeigen sollte", sagte sie. „Ich wollte es gerade an Lord Tottlebury schicken. Es wird eine angenehme Überraschung für Mr. George Neston sein, wenn er mit seinen Korrekturabzügen aus Peckton zurückkommt!" Sie reichte Mr. Blodwell ein Blatt Notizpapier.

Er nahm es und warf einen kurzen Blick auf Neaera. „Möchten Sie, dass ich das lese?"

„Es lässt Sie in die Geheimnisse meiner frühen Tage eintauchen", sagte sie. „Sehen Sie, mir ging es nicht immer so gut wie jetzt."

Mr. Blodwell rückte sein Brillenglas zurecht und las das Dokument durch, aus dem hervorgeht, dass Miss N. Gale im März 1883 als Begleiterin dieser Dame in den Dienst von Mrs. Philip Horne aus Balmoral Villa, Bournemouth, getreten ist und dort geblieben ist solcher Dienst bis zum Monat Juli 1883; dass sie sich während dieser gesamten Zeit anständig verhielt; dass sie mit Geschick vorlas, den Haushalt mit Diskretion ordnete und eine wählerische alte Dame mit Fingerspitzengefühl umging (dies ist eine Paraphrase der Worte des Autors); schließlich verließ sie das Haus aus eigenem Wunsch, zum Bedauern der oben erwähnten Susan Horne.

Neaera beobachtete Mr. Blodwell beim Lesen.

„Achtzehn-dreiundachtzig?" sagte er; „Das ist das fragliche Jahr?"

„Ja, und der fragliche Monat ist April – der Monat, den ich im Gefängnis verbracht haben soll!"

„Du hast das George nicht gezeigt?"

"NEIN. Warum sollte ich? Außerdem wusste ich damals nicht, wann er mein Verbrechen datierte."

Mr. Blodwell fand es ein wenig seltsam, dass sie ihn nicht gefragt hatte. „Er sollte es auf jeden Fall sofort sehen. Haben Sie in letzter Zeit etwas von Mrs. Horne gesehen?"

"Ach nein; Ich hätte Angst, dass sie tot sein muss. Sie war eine alte Dame und sehr schwach."

„Es ist – es könnte ein großes Glück sein, dass du das hast."

„Ja, nicht wahr? Ich hätte mich nie an die genaue Zeit erinnern sollen, als ich bei Mrs. Horne war."

Mr. Blodwell nahm seinen Abschied in einem Geisteszustand hin, den er für unvernünftig hielt. Neaera war, sagte er sich, äußerst offenherzig, charmant und zufriedenstellend gewesen. Dennoch verspürte er den überwältigenden Wunsch, Neaera ins Kreuzverhör zu nehmen.

„Vielleicht ist es nur eine Gewohnheit", sagte er sich. „Eine Unschuldsbeteuerung weckt alle meine Kampfinstinkte."

Am nächsten Tag wurde der „zweite Absatz" veröffentlicht, und der zweite Absatz machte jedem klar, dass jemand seinen Charakter verteidigen muss. Der Öffentlichkeit war es egal, wer es tat, aber sie fühlte sich zu einer Klage berechtigt, in der die ganze Angelegenheit zur Förderung der öffentlichen Gerechtigkeit und Unterhaltung geklärt werden sollte. Das *Bull's-eye* selbst vertrat diese Ansicht. Es flehte Neaera oder George oder jemanden an, es zu verklagen, wenn sie sich nicht gegenseitig verklagen würden. Darin waren Namen, Adressen, Daten und Einzelheiten angegeben. Könnte der anspruchsvollste Kläger mehr verlangen? Wenn keine Klage erhoben wurde, war klar, dass Neaera die Schuhe gestohlen hatte und dass George sie verleumdet hatte und dass die Nestons im Allgemeinen vor einer Untersuchung der Familiengeschichte zurückschreckten; All dies wurde noch klarer, wenn sie ihr außergewöhnliches Verhalten fortsetzten, indem sie persönliche Erzählungen nicht zur Information der Öffentlichkeit und zur Anpassung an das *Bull's-Eye weiterleiteten* .

In diesen Aufruhr geriet George bei seiner Rückkehr aus Peckton. Er war dort zwei Tage lang festgehalten worden und erreichte seine Zimmer erst am späten Freitagabend. Er wurde von zwei Nummern des *Bull's-eye begrüßt* , die ordentlich auf seinem Tisch hingen; durch einen feurigen Brief von Gerald, der Blut oder Entschuldigungen fordert; durch zwei Bußklagen von Isabel Bourne und Tommy Myles; und schließlich durch eine kühle Nachricht von Lord Tottlebury, der die Aussage von Mrs. Philip Horne über den Charakter und die Leistungen von Miss N. Gale beigefügt ist. Nach Ansicht von Lord Tottlebury stand einem Gentleman unter den gegebenen Umständen nur ein Kurs offen.

Philanthropen bemerken *im Gegensatz* zu anderen Philanthropen oft, dass es leichter ist, Schaden anzurichten als Gutes zu tun, selbst wenn man sozusagen ein Experte darin ist, Gutes zu tun. George begann zu denken, dass seine amateurhaften Bemühungen, den Ruf der Familie zu wahren und einen Übeltäter zu bestrafen, wie eine Bestätigung der Wahrheit dieses allgemeinen Prinzips aussahen. Da war ein Wespennest um seine Ohren! Und würde das, was er mitgebracht hatte, das Summen weniger heftig oder die Stiche weniger aktiv machen? Er dachte nicht.

„Kann ein Mädchen an zwei Orten gleichzeitig sein", fragte er, „in einem der Gefängnisse Ihrer Majestät und auch in – wo ist es? – Balmoral Villa, Bournemouth?" Und er legte Mrs. Hornes Brief und ein bestimmtes Foto nebeneinander, das zur Beute seiner Expedition gehörte.

George hatte nicht den geringsten Zweifel daran, dass es sich um ein Foto von Neaera Witt handelte, obwohl die deutliche Aufschrift „Nelly Game" darauf stand. Es stand außer Frage, dass es sich um ein Foto des Mädchens handelte, das die Schuhe gestohlen hatte. Es wurde mit Bedacht aufgenommen und aufbewahrt, um die Gesellschaft vor künftigen Verwüstungen durch sie zu schützen. Es war Eigentum der Krone, vermutete George, und wahrscheinlich hatte er damit nichts zu tun, aber ein Mann kann viele Dinge, mit denen er nichts zu tun hat, für einen halben Souverän bekommen, die Summe, die George für das Darlehen gezahlt hatte. Es muss sorgfältig daran erinnert werden, dass Peckton in der Laxheit seiner Verwaltung außergewöhnlich und nicht typisch ist und dass eine lange Herrschaft des einsamen Despotismus die Moral des dicken Polizisten geschwächt hatte.

Die Kunst der Fotografie hat in den letzten Jahren große Fortschritte gemacht. Es ist weniger ein Motor zur Reduzierung von Selbstgefälligkeit als früher und weniger ein Mittel, um aufzudecken, wie schlecht eine bestimmte Person unter günstigen Umständen aussehen kann. Aber Peckton war hier wie überall hinter der Zeit zurück. Das Porträt von Nelly Game wurde Neaera Witt einigermaßen gerecht, und nach achtjährigem Tragen war es verschwommen und verblasst, fast bis zur Unschärfe. Es war für George völlig in Ordnung, es zu erkennen. In aller Offenheit musste er zugeben, dass er bezweifelte, dass es die Unwilligen überzeugen würde. Außerdem kommt es zu einer großen Veränderung zwischen siebzehn und fünfundzwanzig, selbst wenn siebzehn nicht halb verhungert und in Lumpen gekleidet ist, fünfundzwanzig im Luxus lebt und mit dem Glanz der Hutmacherei geschmückt ist.

„Allein reicht es nicht", sagte er, „aber es wird helfen." Werfen wir einen Blick auf dieses Dokument." Als er es gelesen hatte, pfiff er leise. "Oh ho! ein Alibi. Jetzt habe ich sie!" er rief aus.

Aber hatte er? Er las den Brief noch einmal sorgfältig durch. Es war ein durchaus plausibler und schlüssiger Brief, es sei denn, er war bereit, Frau Witt mit tieferen Plänen und gefährlicheren Leistungen zu belasten, als er bisher geplant hatte.

„Männer irren sich manchmal", sagte eine Stimme in ihm; aber er wollte nicht zuhören.

„Ich werde mir das morgen noch einmal ansehen", sagte er, „und herausfinden, wer ‚Susan Horne' ist."

Dann las er seine Briefe, verfluchte sein Glück und ging als elender Mann zu Bett.

Da die Darstellung der Wahrheit und nicht die Vermittlung von Moral das Ziel der Kunst ist, lohnt es sich zu bemerken, dass er einzig und allein deshalb als elender Mann zu Bett ging, weil er versucht hatte, seine Pflicht zu erfüllen.

KAPITEL VI.
Eine erfolgreiche Prüfung.

DIE ALLGEMEINE MEINUNG WAR, DASS GERALD NESTON SICH TÖRICHT VERHALTEN HAT, ALS ER ZULIEß, DASS ER VOM *Bull's-eye* interviewt wurde . In der Tat ist es ziemlich seltsam, wenn man bedenkt, wie häufig Vorstellungsgespräche stattfinden, wenn man bedenkt, dass die Praxis der Vorstellungsgespräche fast überall abgelehnt wird. *Damnantur et crescunt* ; und die Menschheit willigt ein, ihre eigene Schwäche zu entschuldigen, indem sie vom Interviewer unwiderstehlichen Einfallsreichtum und Kühnheit postuliert. Deshalb wurde Gerald öffentlich dafür verantwortlich gemacht und privat gesegnet, dass er dem *Bull's-eye erzählt* hatte, dass gegen die erwähnte Dame eine grausame Anschuldigung erhoben worden sei, und zwar von jemandem, der der Letzte hätte sein sollen, der sie hätte vorbringen sollen, und er hoffte, der Erste zu sein es zurückzuziehen. Die Anschuldigung betraf ernsthaft den Charakter der Dame und konnte nur eine vollumfängliche Entschuldigung akzeptieren. Er zog es vor, vorerst nicht auf Einzelheiten einzugehen; Tatsächlich hoffte er, dass dies nie nötig sein würde.

Das könnte Geralds Hoffnung sein. Es war weder die Hoffnung des *Bull's-eye* noch der Gesellschaft im Allgemeinen. Was könnte unkluger sein, als schreckliche Dinge anzudeuten und umfassende Informationen zu verweigern? Ein solcher Kurs ließ der Fantasie einfach freien Lauf durch den Newgate-Kalender und schrieb Mrs. Witt – der Name der verleumdeten Dame war zu diesem Zeitpunkt öffentliches Eigentum – alle oder einige der darin aufgezeichneten Handlungen zu.

„Es ist wie eine leere Rechnung", sagte Charters, der Wirtschaftsanwalt, zu Herrn Blodwell; „Sie füllen so viel auf, wie die Briefmarke abdeckt."

„Umso lächerlicher, du Narr", antwortete Mr. Blodwell sehr unhöflich und völlig ungerechtfertigt, denn der arme Mann wollte lediglich eine natürliche Neigung zum Ausdruck bringen und nicht seine eigene Vorstellung davon zum Ausdruck bringen, was angemessen sei. Aber Mr. Blodwell war verärgert; Jeder hatte sich lächerlich gemacht, dachte er, und er wurde gehängt – zumindest gehängt –, wenn er einen Ausweg aus der Sache sah.

Georges Name war noch nicht wirklich erwähnt worden, aber jeder wusste, wer es war – dieser „Verwandte von Lord Tottlebury, dessen juristische Erfahrung ihn nicht zuletzt davon hätte abhalten sollen, unbegründete Anschuldigungen zu erheben"; und Georges Lage war alles andere als angenehm. Er begann Männer zu sehen oder zu sehen, die ihn schief ansahen; sein Eintritt war Anlass für eine plötzliche Gesprächspause; seine Beziehungen zu seiner Familie waren, wie man kaum sagen muss, bis zum letzten Grad unerträglich; und schließlich war Isabel Bourne offen zum Feind übergegangen, hatte ihre Mutter dazu gebracht, Neaera Witt zum Abendessen einzuladen, und war im Park mit einer spöttischen Verbeugung an George vorbeigekommen. Er war bestrebt, die Angelegenheit auf die eine oder andere Weise zu klären, und zu diesem Zweck schrieb er an Lord Tottlebury und bat ihn, ein Treffen mit Frau Witt zu vereinbaren.

„Wie Sie wissen", sagte er, „war ich in Peckton. Ich habe Ihnen bereits gesagt, was ich dort gefunden habe, soweit es sich auf die Tatsache der Verurteilung von „Nelly Game" auswirkte. Ich möchte nun bestimmten Personen, die „Nelly Game" kannten, die Gelegenheit geben, Frau Witt zu sehen. Zweifellos wird sie keine Einwände erheben. Blodwell ist bereit, uns seine Gemächer zur Verfügung zu stellen; und ich denke, dass dies der beste Ort wäre, da er dem Klatsch und der Neugier der Diener entgehen würde. Wird Frau Witt einen Tag und eine Uhrzeit nennen? Ich und meine Gefährten werden Wert darauf legen, dass es ihr passt."

Georges „Gefährten" waren niemand geringerer als der pingelige Angestellte und der dicke Polizist. Die Wärterin war verschwunden; und obwohl es einige Gefängnisbeamte gab, deren Büro aus der Zeit vor der Inhaftierung von Nelly Game stammte, war George der Meinung, dass es sinnlos wäre, die Angelegenheit voranzutreiben, wenn seine ersten beiden Zeugen nicht positiv ausfielen, und nahm ihre Dienste derzeit nicht in Anspruch. Mr. Jennings, der Anwalt von Lincoln's Inn, hatte sich als völlig hoffnungslos erwiesen. George zeigte ihm das Foto. „Ich hätte es von Eves nicht erkennen sollen", sagte Mr. Jennings; und George hatte das Gefühl, dass er einen solch nutzlosen Zeugen ohne Doppelzüngigkeit ignorieren könnte.

Neaera lachte ein wenig über den Vorschlag, als er ihr vorgelegt wurde, drückte jedoch ihre Bereitschaft aus, ihm zuzustimmen. Gerald war fast wütend auf sie, weil sie sich über die Demütigung nicht ärgerte.

„Er geht zu weit; auf mein Wort tut er es." er murmelte.

„Was spielt das für eine Rolle, Liebes?" fragte Neaera. „Es wird ziemlich lustig sein."

Lord Tottlebury hob in ernstem Protest die Hand.

„Mein lieber Neaera!" sagte er.

„Kein großer Spaß für George", bemerkte Gerald mit grimmigem Triumph.

„Ich nehme an, Mr. Blodwells Zimmer reichen aus?" fragte Lord Tottlebury. „Es scheint praktisch zu sein."

Aber hier hatte Neaera zu seiner Überraschung ihre eigenen Ansichten. Sie ging nicht in muffige Räume, um angestarrt zu werden – ja, Gerald, alle

Anwälte starrten sie an – und für eine Person gehalten zu werden, die ihr Versprechen brach, und im Allgemeinen mit juristischem Schmutz besudelt zu werden. Nein: Sie hätte auch nicht die Spione von Mr. George Neston in ihrem Haus; Sie würde sich auch nicht im Geringsten darüber aufregen.

„Dann muss es in meinem Haus sein", sagte Lord Tottlebury.

Neaera stimmte zu und fügte lediglich hinzu, dass die Wertsachen besser verschlossen werden sollten.

"Und wann? Wir sollten wohl besser eines Nachmittags sagen."

„Ich bin vierzehn Tage lang jeden Nachmittag verlobt."

„Meine Liebe", sagte Lord Tottlebury, „das Geschäft muss Vorrang haben."

Neaera sah es nicht; aber schließlich machte sie einen Vorschlag. „ Übermorgen esse ich *en famille mit Ihnen.* Dann lasst sie kommen."

„Das reicht", sagte George. „Zehn Minuten nach dem Abendessen wird die ganze Angelegenheit geklärt sein."

Lord Tottlebury erhob keine Einwände. George hatte vorgeschlagen, dass noch ein paar andere Damen anwesend sein sollten, um den Prozess fairer zu gestalten; und es wurde beschlossen, Isabel Bourne und Miss Laura Pocklington, Tochter der großen Mrs. Pocklington, einzuladen. Frau Pocklington würde mit ihrer Tochter kommen, und man hatte das Gefühl, dass ihre Anwesenheit dem Verfahren mehr Autorität verleihen würde. Maud Neston war weg; Tatsächlich hatte man ihre Abwesenheit bis zur Beilegung dieser unangenehmen Angelegenheit für wünschenswert gehalten.

Lord Tottlebury nutzte immer das Beste aus seiner Chance auf Feierlichkeit, und wenn er es sich selbst überlassen hätte, hätte er dem gegenwärtigen Anlass eine Beeindruckung verliehen, die nicht weit von einem Todesurteil entfernt war. Aber er war machtlos gegenüber der entschlossenen Frivolität, mit der Neaera die ganze Angelegenheit behandelte. Anscheinend wurde Mrs. Pocklington eingeladen, bei einer Farce statt bei einem Melodram mitzuwirken, und mit ihrem berühmten Taktgefühl erkannte sie die Situation sofort, ihre ausgefeilte Verspieltheit billigte das haarsträubende Geschwätz der Mädchen und ließ Geralds heftige Empörung deutlich werden unverhältnismäßig zum Thema. Das Abendessen verlief in einem Wirbel aus Witzen und Spott, wobei George reichlich Stoff lieferte; und danach erwarteten die Damen, errötet vom Gelächter der Vergangenheit und immer wieder in neuer Heiterkeit über Neaeras Ausfälle versinkend, das Kommen von George und seiner Gruppe ohne Abstriche in der Fröhlichkeit.

An der Tür war ein Klopfen zu hören.

„Hier sind die Lakaien des Gesetzes, Frau Witt!" rief Laura Pocklington.

„Dann muss ich mich auf den Kerker vorbereiten", sagte Neaera und ordnete ihr Haar vor einem Spiegel neu.

„Es erinnert mich ziemlich", sagte Mrs. Pocklington, „an die liebe Königin von Schottland."

Lord Tottlebury begann trotz seiner Sorgen gerade über die Angemessenheit von Mrs. Pocklingtons Beinamen zu streiten, als George hereingeführt wurde. Er sah müde, gelangweilt und angewidert aus. Nachdem er Lord Tottlebury die Hand geschüttelt hatte, verneigte er sich allgemein vor dem Zimmer und sagte:

„Ich schlage vor, Herrn Jennings, den Angestellten, zuerst hereinzubringen; dann der Polizist. Es wäre besser, wenn sie getrennt kommen würden."

Lord Tottlebury nickte. Gerald hatte seinem Cousin demonstrativ den Rücken gekehrt. Mrs. Pocklington fächelte sich Luft zu mit einer Miene amüsierten Protests, die die Mädchen in einer breiteren Form reproduzierten. Niemand sprach, bis Neaera selbst lachend sagte:

„Ordnen Sie Ihre Habseligkeiten nach Ihren Wünschen, Mr. Neston."

George sah sie an. Für den Anlass war sie außergewöhnlich reich gekleidet. Ihr Hals und ihre Arme, die durch ihr Abendkleid freigelegt wurden, glitzerten mit Diamanten; Ein Reif aus denselben Steinen schmückte ihr goldenes Haar, das in einer hohen Erhebung auf ihrem Kopf angeordnet war. Sie begegnete seinem Blick mit spöttischem Trotz und lächelte als Reaktion auf das sarkastische Lächeln auf seinem Gesicht. Georges Lächeln wurde durch die Erkenntnis der Taktik seines Gegners hervorgerufen. Ihre Wahl von Zeit und Ort hatte es ihr ermöglicht, alle Künste des Hutmacherhandwerks und die Ressourcen des Reichtums zu Hilfe zu holen, um die Augen derjenigen zu blenden und zu blenden, die in ihr das schäbige Mädchen mit dem Schleppschwanz von acht Jahren zuvor zu finden suchten. Der alte Mr. Jennings war auf heftigen Protest gestoßen. Er sagte, er sei vor acht Jahren halb blind gewesen und jetzt mehr als die Hälfte; er hatte Hunderte von interessanten jungen Kriminellen gesehen und konnte sie genauso wenig voneinander unterscheiden wie das heutige Frühstücksei von gestern; Jeder wusste, dass Polizeifotos die Wahrheit nur verdunkelten. Dennoch kam er, weil George ihn gezwungen hatte.

Neaera, Isabel und Laura Pocklington nahmen nebeneinander ihre Plätze ein, Neaera auf der rechten Seite, ihren Arm auf den Kaminsims gestützt, in ihrer Lieblingshaltung träger Hochmut; Isabel war neben ihr. Lord Tottlebury empfing Mr. Jennings mit kalter Höflichkeit und stellte ihm einen Stuhl zur

Verfügung. Der alte Mann wischte seine Brille ab und setzte sie auf. Es entstand eine Pause.

„George", sagte Lord Tottlebury, „ich nehme an, Sie haben es erklärt?"

„Ja", sagte George. "Herr. Jennings, können Sie sagen, ob und welche der anwesenden Personen Nelly Game ist?"

Gerald drehte sich um, um der Verhandlung zuzuschauen.

„Ist die verdächtige Person – angeblich Nelly Game – im Raum?" fragte Mr. Jennings mit einiger Überraschung. Er hatte erwartet, eine Gruppe Dienstmädchen zu sehen.

„Sicherlich", sagte Lord Tottlebury mit einem grimmigen Lächeln. Und Mrs. Pocklington kicherte.

„Dann kann ich das sicher nicht", sagte Herr Jennings. Und das hatte ein Ende, ein Ende, das nicht anders war als das, was George erwartet hatte. Der dicke Polizist war sein Notanker.

Der dicke Polizist, oder um ihn bei seinem richtigen Namen zu nennen, Sergeant Stubbs, hatte im Gegensatz zu Mr. Jennings Spaß. Eine *kostenlose* Reise nach London mit großzügigen Ausgaben und einem Ausweis am Ende – könnte sich das Herz eines sterblichen Polizisten mehr wünschen? Kennen Sie das Mädchen? Natürlich würde er das tun, unter Tausenden! Es war seine Aufgabe, Menschen zu kennen, und er hatte nicht vor, zu scheitern, vor allem nicht im Dienst eines so rücksichtsvollen Arbeitgebers. Also ging er selbstbewusst hinein, setzte sich und nahm seine Anweisungen mit professioneller Unerschütterlichkeit entgegen.

Die Damen standen auf und lächelten Stubbs an. Stubbs saß da und musterte die Damen, und da er im Herzen ein Mann war, dachte er, es handele sich um die wahrscheinlichsten Mädchen, die er je gesehen hatte; so erzählte er es später Mrs. Stubbs. Aber welches war Nelly Game?

„Sie ist es nicht in der Mitte", sagte Stubbs schließlich.

„Dann", sagte George, „brauchen wir Miss Bourne nicht länger zu belästigen."

Isabel ging und setzte sich mit einer verächtlichen Kopfbewegung, und Laura Pocklington und Neaera standen Seite an Seite.

„Mir kommt es vor, als wäre es das Urteil von Paris", flüsterte dieser hörbar, und Mrs. Pocklington und Gerald kicherten. Stubbs war einmal geschäftlich in Paris gewesen, aber er sah nicht, was das mit dem gegenwärtigen Anlass zu tun hatte, es sei denn, es ginge tatsächlich um eine frühere Verurteilung.

„Sie ist es nicht", sagte er nach einer weiteren Pause und deutete mit seinem stämmigen Zeigefinger auf Laura Pocklington.

Es gab einen kleinen Schauer der Bestürzung. George unterdrückte strikt jeden Hinweis auf Zufriedenheit. Neaera stand ruhig und lächelnd da und warf Stubbs einen amüsierten, freundlichen Blick zu; aber die Handfläche der weißen Hand auf dem Kaminsims wurde rosa, als die weißen Finger dagegen drückten.

„Möchtest du mich etwas näher sehen?" „, fragte sie und trat zu Stubbs vor und stellte sich direkt vor ihn.

George fühlte sich geneigt, „Brava!" zu rufen. als ob er beim Theaterstück wäre.

Stubbs war verwirrt. Es gab eine Ähnlichkeit, aber es gab auch so viel Ungleichheit. Es war wirklich nicht fair, Menschen anders zu kleiden. Wie sollte ein Mann sie kennen?

„Könnte ich das Foto noch einmal sehen, Sir?" fragte er George.

„Bestimmt nicht", rief Gerald wütend.

George ignorierte ihn.

„Mir wäre es lieber gewesen", sagte er, „Sie hätten uns gesagt, was Sie denken, ohne es zu wissen."

George hatte Lord Tottlebury das Foto geschickt, und jeder hatte es angeschaut und festgestellt, dass es Neaera nicht im Geringsten ähnelte.

Stubbs nahm seine Untersuchung wieder auf. Schließlich sagte er und drückte seine Hand auf seine Augen:

„Ich kann ihr nicht schwören, Sir."

„Sehr gut", sagte George. "Das wird gehen."

Aber Neaera lachte.

„Schwören Sie mir, Mr. Stubbs!" sagte sie. „Aber meinst du, du denkst, ich bin wie diese Nelly Games?"

„,Spiel', nicht ,Spiele', Frau Witt", sagte George und lächelte erneut.

„Na dann ,Spiel'."

„Ja, Fräulein, Sie sehen ihr sehr ähnlich."

„Natürlich hat sie das", sagte Mrs. Pocklington, „sonst hätte Mr. George den Fehler nie gemacht." Mrs. Pocklington mochte George und wollte ihn einfach im Stich lassen.

„Das ist alles, was du sagen kannst?" fragte Lord Tottlebury.

"Jawohl; Ich meine, mein Herr."

„Es führt zu nichts", sagte Lord Tottlebury entschieden.

„Überhaupt nichts", sagte George. „Danke, Stubbs. Ich werde mich gleich zu Ihnen und Mr. Jennings gesellen."

„Auf Wiedersehen, Mr. Stubbs", sagte Neaera. „Ich bin sicher, ich hätte dich kennen müssen, wenn ich dich jemals zuvor gesehen hätte."

Stubbs zog sich zurück, da er glaubte, ein Kompliment erhalten zu haben.

„Natürlich ist die Sache damit erledigt, George", sagte Lord Tottlebury.

„Das sollte ich hoffen", sagte Gerald.

George sah Neaera an; und als er hinsah, wuchs in ihm die Überzeugung, dass sie Nelly Game war.

"Herr. „George Neston ist nicht überzeugt", sagte sie spöttisch.

„Es spielt keine große Rolle, ob ich überzeugt bin oder nicht", sagte George. „Es gibt keinerlei Beweise für die Identität."

Gerald sprang empört auf. „Meinst du, dass du nicht zurückziehst?"

„Sie können alle Fakten angeben; Ich werde nichts sagen."

„Du sollst dich entschuldigen, oder –"

„Gerald", sagte Lord Tottlebury, „das hat keinen Zweck."

Man hatte das Gefühl, dass George sich sehr schlecht benahm. Alle dachten es und sagten es; und alle außer Neaera ermahnten oder flehten ihn an, sich als Opfer eines absurden Fehlers zu bekennen. Da die Angelegenheit öffentlich geworden war, konnte nichts anderes akzeptiert werden.

George schwankte. „Ich gebe dir morgen Bescheid", sagte er. „Lassen Sie mich in der Zwischenzeit dieses Dokument an Frau Witt zurückgeben." Er nahm Mrs. Hornes Brief heraus und legte ihn auf den Tisch. „Ich habe es gewagt, eine Kopie zu machen", sagte er. „Da das Original wertvoll ist, dachte ich, ich gebe es besser zurück."

„Danke", sagte Neaera und trat vor, um es entgegenzunehmen.

Gerald beeilte sich, es für sie zu holen. Als er es aufnahm, fiel sein Blick auf die Schrift, denn George hatte sie aufgeschlagen auf den Tisch gelegt.

„Na, Neaera", sagte er, „es ist in deiner Handschrift!"

George zuckte zusammen und glaubte zu sehen, wie Neaera ganz deutlich zusammenzuckte.

„Natürlich", sagte sie. „Das ist nur eine Kopie."

„Meine Liebe, das hast du mir nie gesagt", sagte Lord Tottlebury; „Und ich habe deine Handschrift nie gesehen."

„Gerald und Maud haben es getan."

„Aber das haben sie nie gesehen."

„Es war dumm von mir", sagte Neaera reumütig; „Aber ich habe nie daran gedacht, dass es einen Fehler geben könnte. Welchen Unterschied macht es?"

Georges Herz war verhärtet. Er war sich sicher, dass sie den Fehler ausgenutzt hatte, auch wenn sie nicht von Anfang an versucht hatte, die Kopie als Original auszugeben.

„Haben Sie das Original?" er hat gefragt.

„Nein", sagte Neaera. „Ich habe es vor langer Zeit an jemanden geschickt und nie zurückbekommen."

„Wann haben Sie diese Kopie angefertigt?"

„Als ich das Original wegschickte."

"An wen?" begann George erneut.

„Ich werde es nicht haben", rief Gerald. „Du sollst sie nicht mit deinen höllischen Unterstellungen ins Kreuzverhör nehmen. Meinst du, dass sie das gefälscht hat?"

George wurde stur.

„Ich würde gerne das Original sehen", sagte er.

„Dann kannst du nicht", erwiderte Gerald wütend.

George zuckte mit den Schultern, drehte sich um und verließ den Raum.

Und sie alle trösteten und verhätschelten Neaera und misshandelten George und beschlossen, die Welt wissen zu lassen, wie schlecht er sich benahm.

„Es ist unsere Pflicht gegenüber der Gesellschaft", sagte Lord Tottlebury.

Kapitel VII.
EIN UNMÖGLICHES SCHNÄPPCHEN.

„ICH SOLLTE Humble Pie essen, George", sagte Mr. Blodwell und klopfte mit seiner Brille gegen seine Vorderzähne. „Sie ist eine zu viel für dich."

„Glaubst du, ich liege falsch?"

„Im Großen und Ganzen neige ich dazu, zu glauben, dass Sie Recht haben. Aber an deiner Stelle würde ich trotzdem Humble Pie essen.

Die vorgeschlagene Diät ist für niemanden schmackhaft, und die Kraft, sie ohne Verzerrung zu sich zu nehmen, steht zu Recht ganz oben auf der Liste der Tugenden, wenn die Tugend im Verhältnis zur Schwierigkeit steht. Für einen Mann vom Temperament George Nestons war Buße hart, selbst wenn sie durch das Bewusstsein der Sünde erzwungen wurde; Die Knie in Erniedrigung zu beugen, wenn die Seele in Selbstgefälligkeit aufgerichtet war, kam nahezu einer Unmöglichkeit gleich.

Dennoch war es zweifellos notwendig, dass er das Laken und die Kerze annahm oder sich mit einer Alternative zufrieden gab, die kaum, wenn überhaupt, weniger unangenehm war. Der „Vierte Absatz" war erschienen. Aus Gründen der Einheitlichkeit wurde es als Absatz bezeichnet, in Wirklichkeit handelte es sich jedoch um eine Erzählung, die sich über mehrere Spalten erstreckte und einen detaillierten Bericht über die versuchte Identifizierung lieferte. Ausnahmsweise glaubte George implizit an die Aussage des Herausgebers, dass er seine Informationen aus unanfechtbarer Autorität erhalten habe. Die Geschichte wurde offensichtlich nicht nur von Gerald selbst inspiriert, sondern tatsächlich von ihm selbst geschrieben, und sie atmete eine bittere Feindseligkeit ihm selbst gegenüber, die George nichtsdestotrotz betrübte, weil sie sehr natürlich war. Diese Feindseligkeit zeigte sich hier und da in direkten Angriffen; ständiger in Ironie und genialem Spott. Georges Aussehen, seine Art, sein Tonfall und sein Gang spiegelten sich alle im Gottesdienst wider. Mit einem Wort, der Artikel ließ ihn auf jeden Fall wie einen Idioten aussehen; Er dachte eher, dass er dadurch wie ein bösartiger Idiot aussah.

"Was kannst du tun?" fragte Mr. Blodwell noch einmal. „Man kann nicht noch mehr Leute aus Peckton hochziehen. Du hast deine Zeugen ausgewählt und sie haben dich hereingelassen."

George nickte.

„Du bist nach Bournemouth gegangen und hast – was? Nicht, dass Mrs. Wie heißt sie – Horne – ein Mythos war, wie Sie erwartet hatten, oder praktischerweise – und wohlgemerkt nicht unplausibel – tot war, wie ich erwartet hatte, sondern eine tatsächliche, existierende, höchst respektable, wenn auch etwas vernarrte, alte Frau. Sie hat dich sehr erwischt, George, mein Junge!"

„Ja", gab George zu. „Ich frage mich, ob sie wusste, dass die Frau lebte?"

„Sie hat es gewagt; Ich wünschte, sie wäre vielleicht tot, aber ich habe es riskiert. Da ist Mrs. Witt großartig, George."

"Frau. Horne kann sich nicht erinnern, dass sie im März oder April dort war."

"Vielleicht nicht; aber sie sagt nicht das Gegenteil."

"Ach nein. Sie sagte, wenn die Figur „März" sagt, dann sei es natürlich „März."

„Das ‚Natürlich' verrät einen Laien. Aber die Figur sagt immer noch „März" – was auch immer das wert ist."

„Die Kopie davon schon."

"Ich weiß, was du meinst. Aber denken Sie nach, bevor Sie das sagen, George. Es ist ziemlich stark; und Sie haben nicht den geringsten Beweis, der Ihre Aussage stützt."

„Ich möchte kein Wort sagen. Ich lasse sie in Ruhe, wenn sie mich in Ruhe lassen. Aber das Nelly Game dieser Frau, so sicher ich auch bin –"

„Ein höllisch hartnäckiger Kerl", warf Mr. Blodwell ein.

Wahrscheinlich meinte George mit „in Ruhe gelassen" das Aufhören von Absätzen im *Bull's-eye* . Wenn ja, wurde sein Wunsch nicht erfüllt. „Wird Mr. George Neston" – Georges Name wurde nicht mehr „zurückgehalten" – „zurückziehen?" nahm in den Kolumnen dieser Veröffentlichung weitgehend die Position ein, die *Delenda est Carthago* in den Reden von Cato dem Älteren einnahm. Es traf den Leser auf der Mittelseite; es lauerte ihm im Leitartikel auf; es erschien als spielerischer Hinweis im Geheimdienst der Stadt; Ein Mann behauptete, er habe es in einer Anzeige gefunden, aber das war zweifellos ein Versehen – oder vielleicht eine Lüge.

George war nicht sensibler als andere Männer, aber die Verärgerung war extrem. Die ganze Welt schien voller Menschen zu sein, die das *Bull's-Eye lasen* , manche mit ernstem Tadel, manche mit beleidigendem Lachen.

Aber wenn der *Volltreffer* ihn nicht in Ruhe ließ, taten es viele Menschen. Er war nicht gerade geschnitten; aber seine Einladungen wurden weniger, die Begrüßungen, die er empfing, wurden weniger herzlich als früher: Er wurde nicht aus den Häusern vertrieben, die er besuchte, aber er wurde nicht besonders gedrängt, wiederzukommen. Ihm wurde das Gefühl vermittelt, dass aufrichtige und vernünftige Menschen – ein Begriff, den jeder verwendet, um sich selbst zu beschreiben – gegen ihn seien und dass er, wenn er wieder in die Gunst der Gesellschaft eintreten wollte, dies auf engstem Wege tun müsse Tor der Buße und Entschuldigung.

„Ich werde es tun müssen", sagte er sich, während er launisch in seinen Gemächern saß. „Sie sind alle auf mich los – Onkel Roger, Tommy Myles, Isabel – alle. Ich werde erschossen, wenn ich mich jemals wieder in die Ehe von irgendjemandem einmische."

Der Abfall von Isabel ging ihm am schlimmsten durch den Kopf. Dass ausgerechnet sie sich gegen ihn wenden und ihm als letzte Beleidigung über Tommy Myles vorwurfsvolle Nachrichten schicken sollte! Das hatte sie getan, und George war voller Zorn.

„Eine Nachricht für Sie, Sir", sagte Timms und trat in seiner gewohnt schweigsamen Art ein. Timms hatte keine Meinung zu der Kontroverse, da er einer der seltenen Menschen war, die sich um ihre eigenen Angelegenheiten kümmerten; und George war so tief gefallen, dass er fast dankbar für die farblose Unparteilichkeit war, mit der er sich dem Streit zwischen seinen Herren gegenüber verhielt.

George nahm die Notiz entgegen. "Herr. „War Gerald hier, Timms?"

„Er hat nach Briefen gesucht, Sir; bin aber sofort weggegangen, als ich hörte, dass du hier bist."

Timms äußerte diese Tatsache, als ob es sich um einen gewöhnlichen freundschaftlichen Umgang handele, und zog sich zurück.

"Naja, ich bin--!" rief George und hielt inne.

Die Notiz war in der Handschrift adressiert, die er inzwischen sehr gut kannte, der Handschrift der Bournemouth-Figur.

„ SEHR GEEHRTER HERR NESTON ,

„Ich werde heute um fünf Uhr allein sein. Kommst du mich besuchen?

„Mit freundlichen Grüßen
„NEAERA WITT."

„Du musst tun, was eine Dame von dir verlangt", sagte George, „auch wenn sie Schuhe stiehlt, und du hast es erwähnt. Hier geht! Ich frage mich, was sie jetzt vorhat?"

Neaera, gekleidet in die aufwändige Lässigkeit eines Teekleides, empfing ihn nicht im Wohnzimmer, sondern in ihrer eigenen Behaglichkeit. Tee stand auf dem Tisch; Es brannte ein helles kleines Feuer, und auf dem Kaminvorleger döste eine schläfrige alte Katze. Die ganze Luft roch nach dem, was in der Werbung als „vornehmes Zuhause" bezeichnet wurde, und Neaeras Verhalten verriet einen fast erbärmlichen Wunsch nach Freundlichkeit, der nur durch die Angst vor einer groben Zurückweisung ihrer Annäherungsversuche unterdrückt wurde.

„Es ist wirklich nett von Ihnen", sagte sie, „um einer Verhandlung zuzustimmen."

„Die geschlagene Seite stimmt einer Verhandlung immer zu", antwortete George und nahm den von ihr angezeigten Platz ein. Sie saß halb sitzend, halb liegend auf einem Sofa, als er hereinkam, und nahm nach der Begrüßung ihre Position wieder ein.

„Nein, nein", sagte sie schnell; „Dort ist es schwer – wenn man geschlagen wird. Aber halten Sie sich für geschlagen?"

„Bis jetzt sicherlich."

„Und Sie sind wirklich nicht überzeugt?" fragte sie und musterte ihn mit einem Blick, der aufrichtig an seine bessere Natur appellierte.

„Es ist Ihre Schuld, Frau Witt."

"Mein Fehler?"

"Ja. Warum ist es so schwer, dich zu vergessen?" George meinte, es könne nicht schaden, es auf eine angenehme Art und Weise auszudrücken.

„Ah, warum war Miss – heißt es jetzt Spiel oder Spiele? – so schwer zu vergessen?"

„Es ist, oder vielmehr war es, Spiel. Und ich nehme an, dass man sie aus demselben Grund wie Sie schwer vergessen konnte."

"Und was ist das?"

„Wenn Sie meinen Cousin fragen, wird er es Ihnen zweifellos sagen."

Neaera lächelte.

„Was kann ich noch tun?" Sie fragte. „Ihre Leute kannten mich nicht. Ich habe einen Brief vorgelegt, aus dem hervorgeht, dass ich woanders war."

"Verzeihung--"

„Na gut, dann eine Kopie eines Briefes."

„Was angeblich eine Kopie ist."

„Wie froh bin ich, dass ich kein Anwalt bin! Es scheint die Leute so misstrauisch zu machen."

„Es ist sehr schade, dass Sie das Original nicht behalten haben.“

Neaera sagte nichts. Vielleicht war sie nicht einverstanden.

„Aber ich nehme an, Sie haben mich nicht kommen lassen, um über die Angelegenheit zu diskutieren?“

"NEIN. Ich habe nach dir geschickt, um einen Friedensvorschlag zu machen. Mr. Neston, ich habe es so satt zu kämpfen. Warum lässt du mich kämpfen?“

„Es ist nicht zu meinem Vergnügen“, sagte George.

„Für wen denn?“ fragte sie und streckte mit einer flehenden Geste die Arme aus. „Können wir nicht mehr dazu sagen?“

"Mit meinem ganzen Herzen."

„Und Sie werden zugeben, dass Sie sich geirrt haben?“

„Das sagt mehr darüber.“

„Du kannst die Position, in der du bist, nicht genießen.“

„Das gestehe ich.“

"Herr. Neston, glaubst du nie, dass es möglich ist, dass du falsch liegst? Aber nein, egal. Sind Sie damit einverstanden, es einfach fallen zu lassen?“

"Herzlich. Aber da ist das *Volltreffer*.“

„Oh, stört das *Volltreffer*! Ich werde den Redakteur aufsuchen“, sagte Neaera.

„Er ist ein strenger Mann, Frau Witt.“

„Es wird nicht so schwer sein, mit ihm umzugehen wie mit dir. So, das ist geklärt. Hurra! Würden Sie mir die Hand geben, Mr. Neston?“

"Auf jeden Fall."

„Mit einem Dieb?“

„Mit dir, Dieb hin oder her. Und ich muss Ihnen sagen, dass Sie sehr …“

"Was?"

„Na ja, über kleine Ressentiments hinweg.“

„Oh, was macht das schon? Angenommen, ich hätte die Stiefel mitgenommen?“

„Schuhe“, sagte George.

Neaera brach in Gelächter aus. „Sie sind sehr genau.“

„Und Sie sind sehr ungenau, Frau Witt.“

„Ich werde immer amüsiert sein, wenn ich dich treffe. Ich werde wissen, dass Sie Ihre Hand auf Ihrer Uhr haben.“

"Oh ja. Ich widerrufe nichts.“

„Dann ist es Frieden?“

"Ja."

Neaera setzte sich auf und reichte ihm die Hand, und der Frieden wurde ratifiziert. Aber es war ein Zufall, dass Neaeras plötzliche Bewegung die Katze weckte. Er gähnte und stand auf, krümmte den Rücken und grub seine Krallen in den Kaminvorleger.

„Bob“, sagte Neaera, „verderb den Teppich nicht.“

Georges Aufmerksamkeit richtete sich auf das Tier, und als er es betrachtete, zuckte er zusammen. Bobs Haltungswechsel hatte einen gravierenden Mangel offenbart: Er hatte keinen Schwanz oder auch nur die geringste Entschuldigung dafür.

Es war sicherlich ein seltsamer Zufall, vielleicht nichts weiter, aber ein sehr seltsamer Zufall, dass George im Hof des Peckton Gaol nicht weniger als drei schwanzlose Katzen gesehen haben sollte! Natürlich gibt es eine Menge davon auf der Welt; aber trotzdem haben die meisten Katzen einen Schwanz.

„Ich mag eine schwarze Katze, nicht wahr?“ sagte Neaera. „Er ist nett und satanisch.“

Auch die Peckton-Katzen waren schwarz – schwarz wie Tinte oder das Herz eines Geldverleihers.

„Ein alter Favorit?“ fragte George heimtückisch.

„Ich habe ihn schon seit vielen Jahren. Oh!"

Das letzte Wort entglitt Neaera unwillkürlich.

„Warum ‚oh!‘?“

„Ich hatte seine Milch vergessen“, antwortete Neaera außerordentlich schnell.

„Wo hast du ihn her?“

Neaera war wieder ganz ruhig. „Einige Freunde haben ihn mir geschenkt. Bitte sagen Sie nicht, dass ich auch meine Katze gestohlen habe, Mr. Neston.“

George lächelte; tatsächlich hätte er fast gelacht. „Nun, es ist Frieden, Frau Witt", sagte er und nahm seinen Hut. "Aber erinnere dich!"

"Was?" sagte Neaera, die immer noch lächelte und herzlich war, aber etwas weniger entspannt als zuvor.

„Eine Katze kann eine Geschichte erzählen, auch wenn sie keine erzählt."

"Wie meinst du das?"

„Wenn es jemals wieder Krieg gibt, werde ich es dir sagen. Auf Wiedersehen, Frau Witt."

"Auf Wiedersehen. Bitte lassen Sie den armen Bob nicht verhaften. Er hat nicht die Stiefel gestohlen – oh, die Schuhe jedenfalls."

„Ich gehe davon aus, dass er bereits im Gefängnis war."

Neaera schüttelte verwirrt den Kopf. „Ich verstehe dich wirklich nicht. Aber ich bin froh, dass wir keine Feinde mehr sind."

George ging, aber Neaera setzte sich auf den Teppich und blickte ins Feuer. Bald kam Bob, um sich um die vergessene Milch zu kümmern. Er rieb sich direkt an Neaeras Ellbogen entlang, angefangen bei seiner Nase bis hin zum Ende dessen, was er seinen Schwanz nannte.

„Ah, Bob", sagte Neaera, „was willst du? Milch, Liebes? ‚Gut gegen Böse, Milch gegen ——‘"

Bob schnurrte und machte Kapriolen. Neaera gab ihm seine Milch und blickte ihn an.

„Wie würde es dir gefallen, ertränkt zu werden, Liebes?" Sie fragte.

Der bewusstlose Bob fuhr weiter.

Neaera stampfte mit dem Fuß auf. „Das wird er nicht! Das wird er nicht! Das wird er nicht!" rief sie aus. „Keinen Zentimeter! Kein Zentimeter!"

Bob trank seine Milch aus und blickte auf.

„Nein, mein Lieber, du sollst nicht ertrinken. Hab keine Angst."

Da Bob nichts über das Ertrinken wusste und nur meinte, dass er mehr Milch wollte, zeigte er keine Dankbarkeit für seine Gnadenfrist. Als er sah, dass es keine Milch mehr geben würde, drehte er sich demonstrativ um und begann, sein Gesicht zu waschen.

KAPITEL VIII.
DIE FRACAS BEI MRS. POCKLINGTON'S.

„ So etwas Absurdes habe ich in meinem ganzen Leben noch nie gehört“, sagte Herr Blodwell mit Nachdruck.

George hatte ihn gerade über den Vertrag zwischen ihm und Neaera informiert. Er hatte seine Geschichte mit einiger Verlegenheit erzählt. Es ist so schwierig, Leuten, die nicht anwesend waren, verständlich zu machen, wie ein Vorstellungsgespräch so verlaufen ist, wie es verlaufen ist.

„Sie schien alles richtig zu denken“, sagte George schwach.

„Glauben Sie, dass Sie den Leuten auf diese Weise den Mund verschließen können?“

„Es gibt auch andere Möglichkeiten“, bemerkte George grimmig, denn seine Wut begann zu schwinden.

„Das gibt es“, stimmte Mr. Blodwell zu; „Und heutzutage sind es fünf Pfund oder ein Monat, wenn man sie benutzt, und dazu noch eine enorme Zunahme an Klatsch und Tratsch.“ Was sagt Gerald?“

„Gerald? Oh, ich weiß es nicht. Ich nehme an, dass Frau Witt mit ihm klarkommt.“

"Tust du? Das bezweifle ich. Gerald ist nicht gerade leicht zu handhaben. Denken Sie an die Position, in der Sie ihn zurücklassen!“

„Er glaubt an sie.“

„Ja, aber er wird nicht zufrieden sein, wenn es nicht andere Leute auch tun. Natürlich werden sie sagen, dass sie dich verarscht hat.“

„Hat mich fertig gemacht!“ rief George empört aus.

„Bei meiner Seele, ich bin mir nicht sicher, ob sie das nicht getan hat.“

„Natürlich können Sie sagen, was Sie wollen, Sir. Ich kann es Ihnen nicht übel nehmen.“

„Komm, sei nicht verärgert. Strahlende Augen wirken auf jeden. Übrigens, haben Sie Isabel Bourne in letzter Zeit gesehen?“

"NEIN."

„Von ihr gehört?“

„Sie hat mir über Tommy Myles eine Nachricht geschickt.“

„Hat er ihr Vertrauen?“

"Scheinbar. Die Folge davon war, dass sie mich nicht sehen wollte, bis ich zur Besinnung gekommen war."

„Mit diesen Worten?"

„Das waren Tommys Worte."

„Dann sind die Beziehungen angespannt?"

„Miss Bourne ist die beste Richterin, wen sie sehen möchte."

„Ganz richtig", sagte Mr. Blodwell fröhlich. „Derzeit scheint sie Myles sehen zu wollen. Nun gut, George, du musst endlich auf die Knie gehen."

"Frau. Witt verlangt es nicht."

„Gerald wird es tun."

„Gerald sei … Aber ich habe Ihnen nie von meinen neuen Beweisen erzählt."

„Oh, du bist verrückt! Was ist jetzt im Wind?"

Fünf Minuten später stürzte sich George wütend aus Mr. Blodwells Gemächern und ließ diesen Herrn purpurrot und zitternd vor Lachen zurück, während er sanft wiederholte:

"Die Katze! Geh zur Jury wegen der Katze, George, mein Junge!"

Für George war Mrs. Pocklington in seiner schwierigen Stunde wie ein Turm der Stärke. Sie sagte, dass die Nestons so viel untereinander streiten könnten, wie sie wollten; es ging sie nichts an. Was die Veröffentlichung der Affäre angeht, so würde ihre Besucherliste erheblich darunter leiden, wenn sie jeden streichen würde, der in den Zeitungen zu Unrecht oder, wie sie bedeutungsvoll hinzufügte, zu Recht beleidigt wurde. George Neston könnte sich irren, aber er war ein ehrlicher junger Mann, und sie ihrerseits hielt ihn für einen angenehmen Menschen – jedenfalls viel zu gut für dieses fade Kind, Isabel Bourne. Wenn es jemandem nicht gefiel, ihn in ihrem Haus zu treffen, konnte er fernbleiben. Die arme Laura Pocklington beteuerte, dass sie George hasste und verachtete, sich aber dennoch nicht fernhalten konnte.

„Dann, meine Liebe", sagte Mrs. Pocklington säuerlich, „können Sie im Kinderzimmer bleiben."

"Das ist schade!" rief Laura aus. „Ein Mann, der solche Dinge sagt, ist nicht geeignet –"

Mrs. Pocklington schüttelte sanft den Kopf. Mr. Pocklingtons radikale Prinzipien erstreckten sich nicht mehr auf seinen Haushalt als auf sein Geschäft.

„Laura, meine Liebe", sagte sie in gequältem Tonfall, „ich mag Streit wirklich nicht."

Also ging George zum Abendessen bei Mrs. Pocklington, und diese Dame, die in ihrer elterlichen Disziplin unbarmherzig war, schickte Laura zum Abendessen mit ihm; und wie jeder weiß, gibt es nichts Erfreulicheres und Interessanteres als ein hübsches Mädchen in einem würdevollen Haustier. George hatte seinen Spaß. Es war lange her, seit er geflirtet hatte; aber in Wirklichkeit fühlte er sich jetzt, wenn man Isabels Verhalten bedachte, vollkommen frei, sich so zu verhalten, wie es ihm gut erschien. Laura war eine alte Freundin, und George wollte unbedingt sehen, wie unerbittlich ihr Zorn war.

„Es ist so nett von Ihnen, mir dieses Vergnügen zu bereiten", begann er.

"Vergnügen?" sagte Laura in ihrem erhabensten Ton.

"Ja; dich runterziehen, weißt du."

„Mama hat mich erschaffen."

„Ah, jetzt versuchst du mich zu Fall zu bringen."

„Ich frage mich, ob du irgendjemandem ins Gesicht sehen kannst –"

„Es macht mir immer Spaß, dir ins Gesicht zu schauen."

„Nach den Dingen, die du über die arme Neaera gesagt hast!"

„Neaera?"

„Warum sollte ich sie nicht Neaera nennen?"

„Oh, überhaupt kein Grund. Vielleicht ist es sogar ihr Name."

„Eine Frau, die verleumdet, ist schlecht, aber ein Mann –"

„Ist die Zwei?" sagte George fragend.

Laura versuchte es anders. „Alle deine Freunde denken, dass du Unrecht hast, sogar Mama."

„Was macht das schon, solange du glaubst, dass ich Recht habe?"

"Ich tu nicht; Ich tu nicht. Ich finde--"

„Dass es großen Spaß macht, einen armen Mann zu quälen, der –"

George machte eine Pause.

"Wer was?" sagte Laura mit beklagenswerter Schwäche.

„Schätzt Ihre gute Meinung sehr."

"Unsinn!"

George gestattete sich einen tiefen Seufzer. Ein leichtes Zucken verriet sich in Lauras hübschen Mundwinkeln.

„Wenn du lächeln willst, schaue ich weg", sagte George.

„Du bist sehr dumm", sagte Laura; und George wusste, dass dieser Ausdruck auf den Lippen einer Dame nicht immer Missbilligung ausdrückte.

„Ich bin in der Tat", sagte er, „meine Zeit mit einer vergeblichen Suche zu verbringen."

„Von Neaera?"

„Nein, nicht von Neaera."

„Ich hätte mich niemals auf Miss Bourne beziehen sollen", sagte Laura zurückhaltend, „wenn Sie es nicht getan hätten, aber wie Sie es getan haben —"

„Das habe ich nicht."

Vermutlich erklärte George, auf wen er sich bezog, und offenbar nahm die Erklärung den Rest des Abendessens in Anspruch. Und als die Damen nach oben gingen, klopfte Mrs. Pocklington mit einem anerkennenden Fächer Lauras Schulter.

„Da ist ein gutes Kind! Es zeigt, dass die Zucht den Menschen gegenüber angenehm ist, die man nicht mag."

Laura errötete ein wenig, antwortete aber pflichtbewusst: „Ich freue mich, dass du zufrieden bist, Mama." Höchstwahrscheinlich hat sie Mrs. Pocklington nicht aufgedrängt. Sie selbst hat es sicherlich nicht getan.

George fand sich neben Sidmouth Vane wieder.

„Hallo, Neston!" sagte dieser junge Herr mit seiner gewohnten Freiheit. „Hast du sie schon eingesperrt?"

George sagte, Frau Witt sei immer noch auf freiem Fuß. Vane war seine Schwuchtel gewesen, und George hatte das Gefühl, dass er das Recht hatte, ihn im späteren Leben auszuschalten, wann immer er konnte.

„Ich wünschte, Sie würden es tun", fuhr Mr. Vane fort. „Dieser Arsch von einer Cousine von dir würde sie im Stich lassen, und ich würde vor Holloway oder Clerkenwell warten, oder wo auch immer sie sind, und sie mitfühlend empfangen – warmes Frühstück, Blaskapelle, erste Zigarre seit sechs

Monaten und all das, Don." „Du weißt schon, wie einer dieser irischen Kerle."

„Sie haben keine kleinen Vorurteile."

"Nicht viel. Ein Mädchen wie dieses *und* ein solches Einkommen könnten für mich ganz Northampton stehlen. Nach oben gehen?"

"Ja; Es läuft doch ein ‚At Home', nicht wahr?"

„Ja, so wurde es mir gesagt. An deiner Stelle würde ich nicht gehen."

„Warum zum Teufel nicht?"

„Gerald wird da sein – er hat es mir gesagt."

„Wirklich, Vane, du bist sehr nett. Wir werden nicht kämpfen."

„Das weiß ich nicht. Er ist einfach verrückt."

"Etwas Neues?"

"Ja; Er hat mir erzählt, dass Sie hinter seinem Rücken versucht haben, Mrs. Witt zur Rede zu stellen, und dass er die Sache mit Ihnen austragen wollte.

„Nun", sagte George, „ich werde nicht weglaufen. Mitkommen."

Die Gäste strömten bereits herein, und unter den ersten, denen George begegnete, war Mr. Dennis Espion, so überfordert wie immer. Spion wusste, dass George sich seiner Position auf dem *Bull's-eye bewusst war* .

„Ah, wie geht es dir, Neston?" sagte er und streckte seine Hand aus.

George betrachtete es einen Moment lang und nahm es dann.

„Ich unterstütze das Leben und deine freundlichen Aufmerksamkeiten, Espion."

"Ah! Nun, wissen Sie, wir können nichts dagegen tun – eine Angelegenheit von öffentlichem Interesse. Ich hoffe, Sie verstehen unsere Position –"

„Ja", sagte George höflich; „ *Il faut vivre.* "

„Ich nehme nicht an, dass Ihnen unsere Meinung wichtig ist, aber –"

"Oh ja; Ich schätze es für einen Penny – jeden Abend."

"Ich wollte sagen--"

„Behalten Sie es, mein Lieber. Was Sie sagen, hat Marktwert – in dem Maße, wie ich es erwähnt habe."

„Mein lieber Neston, darf ich –"

„Betrachten Sie das als ein Interview? Auf jeden Fall, mein lieber Spion. Nutzen Sie diese Kommunikation nach Belieben. Gute Nacht."

George schlenderte davon. „Angenommen, ich wäre ziemlich unhöflich", sagte er sich. „Aber halt, ich muss diesem Kerl fünfzig Pfund verdient haben!"

Wie sich herausstellte, sollte George Mr. Espion noch etwas mehr verdienen. Er hatte noch nicht viele Schritte gemacht, als er sah, wie sein Cousin Gerald sich vor Mrs. Pocklington verbeugte. Mr. Espion sah ihn ebenfalls und war in Alarmbereitschaft. Auf Gerald folgte Tommy Myles.

„Ah, der Feind!" rief George leise aus und setzte seinen Weg zu Laura Pocklington fort.

Die Menschenmenge war dicht, und er kam nur langsam voran. Er hatte Zeit, Gerald zu beobachten, der jetzt mit Tommy und Sidmouth Vane sprach, der sich ihnen angeschlossen hatte. Gerald sprach leise, aber seine Gesten verrieten starke Erregung. Plötzlich begann er schnell auf George zuzugehen, die Leute schienen ihm vom Weg abzuweichen. Tommy Myles folgte ihm, während Vane fast zu George rannte und eifrig flüsterte:

„Um Gottes willen, verschwinden Sie, mein Lieber! Er ist verrückt! Es wird einen Shindy geben, so sicher wie du geboren bist!"

George mochte keine Shindies, besonders nicht in Salons; aber das Weglaufen gefiel ihm weniger. „Oh, lasst uns abwarten", antwortete er.

Gerald sah gefährlich aus. Die gesunde Rötung seiner Wange hatte sich zu einer tiefen Röte verdunkelt, seine Augen sahen bösartig aus und sein Mund war zusammengepresst. Als er schnell auf seinen Cousin zuging, versuchten alle wegzuschauen; aber aus den Winkeln von zweihundert Augen richteten sich eifrige Blicke auf das Paar.

„Darf ich kurz mit Ihnen sprechen?" begann Gerald ganz ruhig.

„So viele du willst; aber ich weiß nicht, dass dieser Ort –"

„Es genügt, was ich zu sagen habe", unterbrach Gerald.

"In Ordnung. Was ist es?"

„Ich will zwei Dinge von dir. Erstens werden Sie mir versprechen, es nie zu wagen, meine – Frau anzusprechen. Wieder Witt."

"Und der zweite?" fragte George.

„Sie werden schreiben und sagen, dass Sie gelogen haben und dass es Ihnen leid tut."

„Ich spreche an, wen ich will, und schreibe, was mir gefällt."

Vane schaltete sich ein.

„Wirklich, Neston – du, Gerald, meine ich – mach hier keinen Krach. Kannst du ihn nicht wegbringen, Tommy?“

Gerald warf Tommy einen warnenden Blick zu und der arme Tommy schüttelte traurig den Kopf.

George hatte das Bedürfnis, einer Szene aus dem Weg zu gehen. Er begann sich leise zu entfernen. Gerald stellte sich ihm voll in den Weg.

„Du gehst nicht, bis du geantwortet hast. Wirst du tun, was ich dir sage?“

„Wirklich, Gerald“, begann George und klammerte sich immer noch an den Frieden.

"Ja oder nein?"

„Nein“, sagte George mit einem Lächeln und einem Schulterzucken.

„Dann, du Cur, nimm –“

Im nächsten Moment hätte er George mitten ins Gesicht geschlagen, aber der wachsame Vane packte seinen Arm, als er ihn hob.

„Du verdammter Idiot! Bist du betrunken?" zischte er in sein Ohr. „Alle schauen.“

Es war wahr. Jeder war.

„Umso besser“, platzte Gerald heraus. „Ich werde ihn verprügeln –“

Tommy Myles stand auf und legte seine Hand durch den anderen Arm des wütenden Mannes.

„Kannst du nicht gehen, George?“ fragte Vane.

„Nein“, sagte George ruhig; „Erst wenn er ruhig ist.“

Die Stille, die im Raum herrschte, erregte Mrs. Pocklingtons Aufmerksamkeit. Es schien, als wäre sie in einem Augenblick neben ihnen, obwohl ihre Bewegungen normalerweise langsam und würdevoll waren, gerade rechtzeitig, um zu sehen, wie Gerald einen heftigen Versuch unternahm, Vanes zurückhaltende Hand abzuschütteln.

„Ich kann niemanden dazu bringen, ins Musikzimmer zu gehen“, sagte sie; „Und die Signora wartet darauf, zu beginnen. Mr. Neston, geben Sie mir Ihren Arm und wir zeigen Ihnen den Weg.“ Dann schien ihr Blick zum ersten Mal auf George zu fallen. „Oh, sind Sie auch hier, Mr. George? Laura sucht überall nach dir. Finden Sie sie. Kommen Sie, Herr Neston. Mr. Vane, gehen Sie und geben Sie einer Dame Ihren Arm."

Die Gruppe zerstreute sich, gehorchte ihren Befehlen, und alle atmeten einen kleinen Seufzer auf, halb Erleichterung, halb Enttäuschung, und sagten einander, dass Mrs. Pocklington eine großartige Frau sei.

„In einer weiteren Sekunde", sagte Tommy Myles, während er sich mit einem Glas Champagner erholte, „wäre es ein Fall von Bow Street gewesen!"

„Ich denke, es kommt einem ziemlichen *Aufruhr gleich* ", sagte sich Herr Espion; und als *fracas* galt es dementsprechend.

KAPITEL IX.
GERALD NESTON BEFRIEDIGT SICH.

AM nächsten Morgen saß Lord Tottlebury als Schiedsrichter, prüfte beide Seiten der Frage unparteiisch und sprach George eine Entschuldigung für seine Anschuldigungen und Gerald für seine Gewalttätigkeit zu. Lord Tottlebury vertrat den Fall kompetent und sein endgültiges Urteil war überzeugend und überzeugend. Unglücklicherweise vergaß Lord Tottlebury jedoch, verleitet durch die zuvor erwähnte Angewohnheit, den Zeitungen über Angelegenheiten zu schreiben, die ihn nicht unmittelbar betrafen, dass keine Partei ihn gebeten hatte, zu urteilen, und obwohl Maud Neston von seinen Überlegungen ziemlich überzeugt war, von seinen Die Auszeichnung blieb eine Meinung *im Vakuum* ; und die beiden klaren und ausführlichen Briefe, in denen er seine Ansichten zum Ausdruck brachte, wurden von ihren jeweiligen Empfängern in den Papierkorb geworfen. Jeder der jungen Männer dankte Lord Tottlebury für seine freundlichen Bemühungen, befürchtete jedoch, dass das unvernünftige Temperament des anderen jeden Versuch einer Vereinbarung vergeblich machen würde. Lord Tottlebury seufzte und kehrte traurig zu seinem Artikel über „Was der Kaiser als nächstes tun sollte" zurück. Er hatte es eilig, es fertigzustellen, denn er hatte auch eine Antwort auf Professor Dressinghams Aufsatz über „Die Erzählung des Evangeliums und die Entwicklung der *Krebstiere* in den südlichen Meeren" zur Hand.

Nach seinem Ausbruch hatte Gerald Neston sich still und heimlich nach Hause bringen lassen, und am nächsten Morgen war er soweit zu sich gekommen, dass er Sidmouth Vane versprach, dass er nie wieder zu persönlicher Gewalt greifen würde. Er sagte, er habe aus einem augenblicklichen Impuls heraus gehandelt – woran Vane nicht glaubte – und jedenfalls müsse nichts dergleichen noch einmal befürchtet werden; aber was die Entschuldigung angeht, sollte er lieber daran denken, Georges Stiefel zu schwärzen. Tatsächlich war er im Großen und Ganzen sehr zufrieden mit sich selbst und ging im Laufe des Tages nach Neaera, um ihren Dank und ihre Zustimmung entgegenzunehmen.

Er fand sie in sehr niedergeschlagener Stimmung. Sie war über das Scheitern ihrer Vereinbarung mit George enttäuscht und halb geneigt, gegen Geralds kategorisches *Veto* gegen jeden Versuch, die Frage zu vertuschen, zu rebellieren. Sie hatte es schüchtern versucht, die ganze Angelegenheit zu vertuschen, und Gerald hatte ihr deutlich gezeigt, dass es seiner Meinung nach eine solche Behandlung nicht zuließ. Sie hatte nicht gewagt, ihn ernsthaft zu fragen, ob er sie heiraten würde, vorausgesetzt, die Anschuldigung sei wahr. Eine scherzhafte Frage dieser Art hatte man als beinahe geschmacklos und auf jeden Fall als unzeitgemäß abgetan. Folglich fühlte sie sich unwohl und war bereit, bei der geringsten Provokation sehr unglücklich zu sein. Aber heute war Gerald in einer anderen Stimmung. Er war triumphierend, aggressiv und furchtlos; und bevor er zehn Minuten im Raum gewesen war, brachte er seinen neuen Entwurf zur Sprache – einen Entwurf, der endgültig die Wertschätzung zeigen sollte, die er den abscheulichen Verleumdern und ihrem Äußersten entgegenbrachte.

„Sei direkt verheiratet! Oh, Gerald!"

„Warum nicht, Liebling? Es wird die beste Antwort auf sie sein."

„Was würde dein Vater sagen?"

„Ich weiß, dass er zustimmen wird. Warum sollte er nicht?"

„Aber – aber alle reden über mich."

„Was kümmert es mich?"

Manchen Männern passt es, verliebt zu sein, und Gerald sah sehr gut aus, als er seinen Trotz *urbi et orbi zum Ausdruck brachte* . Neaera war entzückt und berührt.

„Gerald, mein Lieber, du bist zu gut – du bist in der Tat – zu gut für mich und zu gut für mich."

Gerald sagte in einer Sprache, die zu beredt war, als dass man sie wiedergeben könnte, dass niemand anders könne, als „gut" zu ihr zu sein, und dass niemand auf der Welt gut genug für sie sei.

„Und gibst du dich damit zufrieden, mich voll und ganz zu vertrauen?"

"Absolut."

„Während ich unter diesem Schatten stehe?"

„Du stehst unter keinem Schatten. Ich nehme Ihr Wort stillschweigend an, so wie ich es gegen Götter und Menschen halten würde."

„Ah, das habe ich nicht verdient."

„Wer könnte dir in die Augen schauen" – Gerald tat das – „und an Betrug denken? Warum schaust du weg, Schatz?"

„Ich wage es nicht – ich wage es nicht!"

"Was?"

„Sei – sei – so vertrauenswürdig!"

Gerald lächelte. "Sehr gut; dann wirst du es nicht sein. Ich werde dich behandeln, als ob – als ob ich an dir *zweifelte* . Dann wirst du zufrieden sein?"

Neaera versuchte über diese Höflichkeit zu lächeln. Sie kniete wie so oft neben Geralds Stuhl und blickte zu ihm auf.

„Haben Sie an mir gezweifelt?" Sie sagte.

„Ja, da du deine Augen nicht für dich sprechen lässt, werde ich dir die Frage stellen. Wird das reichen?"

Arme Neaera! Sie dachte, es würde völlig ausreichen.

„Und ich werde dich fragen, was ich noch nie zu fragen gewagt habe, Liebste, ob an dem Ganzen ein Wort der Wahrheit ist?" Gerald, immer noch verspielt, nahm eine ihrer Hände und hob sie hoch. „Jetzt schau mich an und sag: Was soll dein Eid sein?"

Neaera schwieg. Das waren die Worte; Jedes Mal, wenn sie sprach, machte sie es noch schlimmer.

„Ich weiß", fuhr Gerald fort, der mit seiner kleinen Komödie sehr zufrieden war. „Sagen Sie Folgendes: ,Bei meiner Ehre und Liebe, ich bin nicht das Mädchen.'"

Warum hatte sie ihn mit seinem Unsinn über ihre Augen nicht in Ruhe gelassen? Nach Neaeras Meinung war das nicht so schlimm wie eine direkte Lüge. „Auf ihre Ehre und Liebe!" Sie konnte einen Moment des Zögerns nicht unterdrücken.

„Ich bin nicht das Mädchen, bei meiner Ehre und Liebe." Ihre Worte gingen fast mit einem Schluchzen einher, einem unterdrückten Schluchzen, das Gerald voller Reue und Reue erfüllte und ihn lautstark über seine eigene Dummheit beschimpfte.

„Es war alles ein Witz, mein Lieber", flehte er; „Aber es war ein dummer Scherz, und er hat dich beunruhigt. Hast du geträumt, dass ich an dir gezweifelt habe?"

"NEIN."

„Na dann sagen Sie mal, Sie wüssten, dass es ein Witz war."

„Ja, Liebes, ich weiß, dass es so war – natürlich war es das; aber es – es hat mir ziemlich Angst gemacht."

"Armes Kind! Egal; Sie werden amüsiert sein, wenn Sie jetzt daran denken. Und, mein Schatz, es macht mich wirklich, im Ernst, glücklicher. Ich habe nie gezweifelt, aber es ist angenehm, die Wahrheit von den eigenen süßen

Lippen zu hören. Jetzt bin ich bereit für die ganze Welt. Und was ist mit dem Tag?"

"Der Tag?"

„Natürlich weiß man nicht, an welchem Tag! Soll es direkt sein?"

„Was bedeutet ‚direkt'?" fragte Neaera und brachte ein eher wässriges Lächeln auf.

"In einer Woche."

„Gerald!"

Aber nach den üblichen Verhandlungen wurde Neaera drei Wochen lang dazu gebracht, diesem Tag zuzustimmen, vorausgesetzt, dass Lord Tottleburys Zustimmung eingeholt wurde.

„Und bitte streite nicht mehr mit deinem Cousin!"

„Ich kann es mir jetzt leisten, ihn in Ruhe zu lassen."

„Und – gehst du, Gerald?"

"Keine Zeit zu verlieren. Ich gehe zum Gouverneur und werde zurückkommen und Sie zum Essen am Portman Square abholen. Auf Wiedersehen für eine Stunde, Liebling!"

„Gerald, nehmen wir an –"

"Also!"

„Wenn – wenn – Nein, nichts. Auf Wiedersehen Schatz; Und--"

„Was ist los, Süße?"

„Nichts – na ja, und warten Sie nicht lange."

Gerald reiste entzückt ab. Kaum war er aus dem Zimmer, kam die schwanzlose Katze unter dem Sofa hervor. Er hasste heftige Bewegungen aller Art, und Liebende sind ruhelose Wesen. Nun, dem Himmel sei Dank! Es bestand die Möglichkeit, auf dem Kaminvorleger zu liegen, ohne dass jemand darauf trat!

„Hast du das gehört, Bob?" fragte Neaera. „Ich – ich habe Vollgas gegeben, nicht wahr?"

Lord Tottlebury, der viel weniger unflexibel war, als er schien, hielt Geralds Vehemenz nicht lange stand, und bald verbreitete sich die Nachricht, dass George Trotz ins Gesicht geschleudert werden sollte. Das *Bull's-Eye* war triumphierend. Isabel Bourne und Maud Neston machten Gerald zum

Helden und Neaera zur Heldin. Tommy Myles beeilte sich, sich die Position des „trauzeugen" zu sichern, und Sidmouth Vane entdeckte und erkannte eine tiefe weltliche Weisheit in Geralds Verhalten an.

„Natürlich", sagte er auf der Terrasse zu Mr. Blodwell, „würde er sich verpflichten, sie zusammen mit dem Geld hinzugeben, wenn es vor der Hochzeit herauskäme." Aber danach! Nun ja, es wird auf jeden Fall keinen Einfluss auf die Einigung haben."

Herr Blodwell sagte, er glaube, Gerald sei nicht von diesem Motiv angetrieben worden.

„Verlassen Sie sich darauf, das hat er", beharrte Vane. „Vor der Hochzeit, zum Teufel! Nach der Heirat ein bisschen weinen und drei Monate an der Riviera!"

„Oh, ich nehme an, wenn es nach der Heirat herauskäme, würde George den Mund halten."

„Hast du das, bei Jupiter? Dann wäre er der nachsichtigste Mann Europas. Er wurde wegen des Geschäfts gejagt – einfach gejagt!"

"Das ist richtig. Nein, ich nehme an, er würde sich bestimmt rächen."

"Rache! Er müsste sich rechtfertigen."

Mr. Blodwell hatte die Neugier, das Thema mit George selbst zu verfolgen.

„Nach der Hochzeit? Oh, ich weiß es nicht. Ich möchte bei allen Punkten punkten."

„Natürlich", sagte Mr. Blodwell.

„Auf jeden Fall werde ich es ihnen überlassen, wenn ich vorher etwas herausfinde. Sie haben mich nicht verschont."

"Etwas Neues?"

"Ja. Sie haben das Komitee im Themis beauftragt, mir zu schreiben und mir mitzuteilen, dass es unangenehm ist, Gerald und mich im selben Club zu haben."

„Das ist stark."

„Dafür muss ich Meister Tommy danken. Natürlich bedeutet es, dass ich gehen muss; aber ich werde es nicht tun. Wenn sie mich rausschmeißen wollen, können sie das."

„Warum ist Tommy Myles so heiß auf dich?"

„Oh, diese Mädchen haben ihn erwischt – Maud und Isabel Bourne."

„Isabel Bourne?"

„Ja", sagte George und begegnete Mr. Blodwells fragendem Blick. „Tommy hat Lust, dort sein Glück zu versuchen, denke ich."

„ *Vize,* du bist im Ruhestand."

„Nun, entweder im Ruhestand oder ausgeschieden. Es ist wie bei der Armee, wissen Sie; die beiden kommen im Großen und Ganzen auf das Gleiche hinaus."

„Du musst dich trösten, mein Junge", sagte Mr. Blodwell verschmitzt. Er hatte von den meisten Dingen gehört, und er hatte von Mrs. Pocklingtons letzter Dinnerparty gehört.

„Oh, ich bin jetzt ein Ausgestoßener. Niemand würde mich ansehen."

„Sei kein Humbug, George. Besuchen Sie Mrs. Pocklington und lassen Sie mich um Himmels willen mit meiner Arbeit beginnen.

Es war Mr. Blodwells Gewohnheit, Menschen zu langen Gerüchten zu verleiten und sie dann zu beschimpfen, weil sie seine Zeit verschwendeten; Daher beunruhigte George der Vorwurf nicht. Aber er folgte dem Rat und rief am Grosvenor Square an. Er fand Mrs. Pocklington zu Hause, aber sie war nicht allein. Ihr Besucher war eine sehr berühmte Person, die George bisher nur dem Ruf nach kannte – der Marquis von Mapledurham.

Der Marquis war in der Öffentlichkeit und auch als Kunstmäzen bekannt, aber es muss hinzugefügt werden, dass mehr über ihn bekannt war, als zu seinem Vorteil bekannt war. Tatsächlich gab er vielen Menschen Gelegenheit zu sagen, dass sie ihn nicht zu ihrem Bekanntenkreis zählen würden; und er gab nur sehr wenigen von ihnen die Chance, ihr Wort zu brechen. Er und Mrs. Pocklington amüsierten sich gegenseitig, und was auch immer er tat, er sagte nie etwas, worüber er sich beschweren könnte.

George sprach einige Zeit mit Laura. Laura, die einmal an seine Seite getreten war, war voller Eifer eines Konvertiten und goss reichlich Öl und Wein in seine Wunden.

„Wie hätte ich jemals Isabel Bourne ansehen können, als sie dort war?" er begann nachzudenken.

"Herr. „Herr Neston", sagte Mrs. Pocklington, „Lord Mapledurham möchte wissen, ob Sie *der* Mr. Neston sind."

"Frau. „Pocklington hat mich verraten, Mr. Neston", sagte der Marquis.

„Ich bin wohl einer der beiden Mr. Nestons", sagte George lächelnd.

"Herr. George Neston?" fragte der Marquis.

"Ja."

„Und Sie haben ihn hierher kommen lassen, Mrs. Pocklington?"

„Ah, du weißt, mein Haus ist eine Karawanserei. Ich habe gehört, dass du es neulich selbst bemerkt hast."

„Ich werde gehen", sagte der Marquis und erhob sich. „Und, Mrs. Pocklington, ich wäre zufrieden, wenn Sie nichts Schlimmeres über mein Haus sagen würden. Auf Wiedersehen, Miss Laura. Mr. Neston, ich werde morgen eine kleine Gruppe Junggesellen veranstalten. Es wäre sehr nett, wenn Sie sich uns anschließen würden. Abendessen um acht."

„Sehen Sie, was es heißt, ein misshandelter Mann zu sein", sagte Mrs. Pocklington lachend.

„In diesen Tagen müssen die Bösen Seite an Seite stehen", sagte der Marquis.

George akzeptierte; in Wahrheit fühlte er sich ziemlich geschmeichelt. Und Mrs. Pocklington war eine ganze Viertelstunde weg. So dass er, bevor er das Haus verließ, insgesamt wieder zu der Meinung gelangte, dass das Leben lebenswert sei.

Kapitel X.
Erinnerungen eines Adligen.

EINMAL , viele Jahre bevor diese Geschichte beginnt, eine bestimmte Dame sagte und schwor tatsächlich mit einem Eid, dass Lord Mapledurham ihr versprochen hatte, sie zu heiraten, und forderte zehntausend Pfund als Schadenersatz für die Nichteinhaltung dieses Versprechens. Lord Mapledurham sagte, sein Gedächtnis sei in solchen Dingen trügerisch, und er habe einer Dame nie in einer Tatsachenfrage widersprochen; aber der Betrag, den seine Gesellschaft wert sei, schien ziemlich offen für Meinungsverschiedenheiten zu sein, und er bat eine Jury aus seinen Landsleuten, ihn zu bewerten . Dieser *Cause célèbre* , wie er zu seiner Zeit war, hat den Ruf von Lord Mapledurham nicht verbessert, aber andererseits den von Mr. Blodwell gestärkt. Dieser Herr reduzierte den Schadensersatz auf eintausend, und Lord Mapledurham sagte, sein Kreuzverhör des Klägers sei das Geld durchaus wert. Seitdem waren die beiden Freunde und Mr. Blodwell war sehr stolz auf seine Vertrautheit mit einer so exklusiven Person wie dem Marquis. George genoss seine Überraschung über die Ankündigung, dass sie sich an diesem Abend bei der Dinnerparty treffen würden.

„Warum zum Teufel fragt er dich?“

„Bei meiner Ehre, ich weiß es nicht.“

„Es wird den letzten Rest deines Rufs zerstören.“

„Oh, nicht, wenn Sie da sind, Sir.“

Als George bei Lord Mapledurham ankam, fand er außer seinem Gastgeber und Mr. Blodwell niemanden vor.

„Ich muss mich dafür entschuldigen, dass ich niemanden habe, der Sie treffen kann, Mr. Neston, außer einem alten Freund. Ich fragte den jungen Vane – dessen Unverschämtheit mich amüsiert – und Fitzderham, aber sie konnten nicht kommen.“

„Drei ist eine gute Zahl“, sagte Mr. Blodwell.

„Wenn es drei Männer sind. Aber zwei Männer und eine Frau, oder zwei Frauen und ein Mann – schrecklich!“

„Nun, wir sind Männer, obwohl George noch jung ist.“

„Ich fühle mich nicht sehr jung“, sagte George lächelnd, als sie sich setzten.

„Ich bin fünfundfünfzig“, sagte der Marquis, „und ich fühle mich jeden Tag jünger – nicht körperlich, wissen Sie, denn ich bin voller Krankheiten; aber im Hinterkopf. Ich wachse aus allen Verantwortlichkeiten dieser Welt heraus."

„Und vom nächsten?" fragte Blodwell.

„Im nächsten wird alles für uns arrangiert, ob angenehm oder nicht. Was dieses betrifft, erwartet niemand mehr von mir – keine Arbeit, keine guten Taten, keine Karriere, nichts. Es ist eine köstliche Freiheit."

„Du hast deine Bindungen nie besonders gespürt."

"NEIN; aber sie waren da und hin und wieder zerrten sie mich auf den Füßen."

„Ihre Sicht auf das Alter ist beruhigend", sagte George.

„Nur, George, wenn du es verwirklichen willst, darfst du nicht heiraten", sagte Mr. Blodwell.

„Nein, nein", sagte der Marquis. „Übrigens, Blodwell, warum hast du nie geheiratet?"

„Zu arm, bis es zu spät ist", sagte Mr. Blodwell kurz.

Der Marquis hob sein Glas und schien einen respektvollen Toast auf eine tote Romanze auszustoßen.

„Und Sie, Lord Mapledurham?" George wagte es zu fragen.

„Ja, frag ihn!" sagte Herr Blodwell. „Vielleicht wird sein Grund weniger traurig alltäglich sein."

„Ich weiß es nicht", sagte der Marquis nachdenklich. „Einige von ihnen haben es erwartet, und das hat mich angewidert. Und einige von ihnen taten es nicht, und das hat mich auch angeekelt."

„Sie bringen das andere Geschlecht in eine ziemlich schwierige Lage", bemerkte George lachend.

„Nichts im Vergleich zu dem, wozu sie mich gezwungen haben. Äh, Blodwell?"

„Jetzt sagen Sie es mir, Mapledurham", sagte Mr. Blodwell, der heute Abend in ernster Stimmung war. „Haben Sie im Großen und Ganzen Ihr Leben genossen?"

„Ich habe Gelegenheiten, Talente, Substanz – alles – verschwendet und es unglaublich genossen." Ich bin nicht einmal als Warnung von Nutzen."

„Fragen Sie einen Pfarrer", sagte Mr. Blodwell trocken.

„Ich erinnere mich", fuhr der Marquis träumerisch fort, „dass ein alter Schurke – noch ein alter Schurke – eines Abends genau das Gleiche gesagt hat." Ich war beim Pokal in Liverpool. Nun, am Abend wurde ich der anderen Kerle überdrüssig und ging noch eine Runde hinaus; und in einer Seitenstraße fand ich einen alten Kerl, der auf einer Türschwelle saß – ein schmutziger alter Kerl, aber ungewöhnlich malerisch, mit einem langen grauen Bart. Als ich vorbeikam, versuchte er gerade aufzustehen, aber er taumelte und fiel wieder zurück."

"Betrunken?" fragte Herr Blodwell.

Der Marquis nickte. „Ich habe ihm geholfen und gefragt, ob ich etwas für ihn tun könnte. „Ja, gib mir etwas zu trinken", sagt er. Ich sagte ihm, dass er bereits betrunken sei, aber er meinte, das sei kein Problem, also half ich ihm zum nächsten Gin-Palast."

„Sehen Sie sich die uneingestandene Freundlichkeit dieses Zynikers an!" sagte Herr Blodwell.

„Setzte ihn auf einen Stuhl und gab ihm Alkohol.

„‚Gefällt es dir, dich zu betrinken?' Ich habe ihn gefragt, genauso wie Sie mich gefragt haben, ob ich das Leben genossen habe.

„Sein Getränk störte seine Zunge nicht, es schien ihn nur in die Beine zu reißen. Er stellte sein Glas ab und hielt eine kleine Ansprache.

„‚Alkohol', sagt er, ‚war mein Fluch; Es hat mein Zuhause zerstört, meine Arbeit ruiniert, meinen Charakter zerstört, mich und meine Familie ins Gefängnis und in die Schande geschickt. Gott segne Alkohol! sage ich.'

„Ich habe ihm auf höflichere Weise gesagt, dass er ein altes Biest ist, so wie du, Blodwell, mir gesagt hast, dass ich es sei. Er grinste nur und sagte: „Wenn Sie ein Gentleman sind, begleiten Sie mich nach Hause." „In der Gosse zu liegen kostet am nächsten Morgen fünf Schilling, und ich habe es nicht."

„‚In Ordnung', sagte ich; und nach einem weiteren Glas machten wir uns auf den Weg. Er kannte den Weg und führte mich durch viele schmutzige Orte zu einer der gemeinsten Höhlen, die ich je gesehen habe. Eine Frau mit rotem Gesicht, roten Armen und roter Stimme (Sie wissen, was ich meine) öffnete die Tür und ließ eine Wolke von Billingsgate auf ihn fliegen. Der alte Kerl behandelte sie mit großer Höflichkeit.

„‚Ganz wahr, Frau Bort', sagt er; „Du hast immer Recht: Ich habe mich ruiniert."

„‚Und dein Darter!' schrie die Frau.

„'Und meine Tochter. Und ich bin jetzt betrunken und hoffe, morgen betrunken zu sein.'

"'Ah! du altes Biest!' sagte sie, genau wie ich, und schüttelte ihre Faust.

„Er drehte sich zu mir um und sagte: ‚Ich bin Ihnen dankbar, Sir. Ich kenne deinen Namen nicht.'

„‚Du wärst nicht besser dran, wenn du es tätest‘, sage ich. ‚Du könntest es nicht trinken.'

„‚Wirst du mir einen Souverän geben?‘ er hat gefragt. „Eine Woche Freude, Sir, – eine Woche Freude und Leben.“

„‚Gib es mir‘, sagte die Frau, ‚dann kriegen ich und sie etwas zu essen, um uns am Leben zu erhalten.‘

„Ich bin im Grunde ein gütiger Mann, Mr. Neston, wie Blodwell bemerkt. Ich sagte,

„‚Hier ist ein Herrscher für dich und sie‘ (ich nahm an, sie meinte die Tochter), ‚um euch am Leben zu erhalten; Und hier ist ein Souverän für Sie, Sir, der Ihnen dabei helfen soll, Sie zu töten – und je früher, desto besser, sage ich.“

„‚Du hast recht‘, sagte er. „Der Schnaps beginnt seinen Geschmack zu verlieren.“ Und wenn das weg ist, ist Luke Gale weg!‘“

„Luke, wer?“ platzte aus den beiden Männern.

Lord Mapledurham blickte auf. "Was ist los? Gale, glaube ich. Später erfuhr ich, dass das alte Tier Wasserfarben gemalt hatte – das Einzige, was er mit Wasser zu tun hatte.“

„Der Herr hat sie in deine Hand gegeben“, sagte Mr. Blodwell zu George.

„Bist du auch betrunken, Blodwell?“ fragte der Marquis.

"NEIN; Aber--"

„Wie hieß die Frau?“ fragte George und holte ein Notizbuch heraus.

„Bort. Willst du es mir sagen?“

„Nun, wenn es Ihnen nichts ausmacht –“

"Kein Bisschen. Sag es mir später, wenn es amüsant ist. Es gibt so wenige lustige Dinge.“

„Du hast die Tochter nicht gesehen, oder?“

„Oh, natürlich ist es die Tochter! NEIN."

„Haben Sie jemals einen Mann namens Witt gekannt?"

"Niemals; aber, Herr Neston, ich habe von einer Frau Witt gehört. Nun, Blodwell, entweder hör auf damit, oder sei still und lass uns über etwas anderes reden."

„Letzteres bitte", sagte Mr. Blodwell höflich.

Und der Marquis, der die Eitelkeit, alles wissen zu wollen, überwunden hatte, machte keine Anstalten, auf das Thema zurückzukommen. Erst als George sich verabschiedete, erhielt er einen Rat und eine herzliche Einladung, wiederzukommen.

„Entschuldigen Sie, Mr. Neston", sagte der Marquis. „Ich glaube, ich habe Ihnen heute Abend unfreiwillig geholfen."

"Ich hoffe es. Ich werde es in ein oder zwei Tagen wissen."

„Der Wunsch, Recht zu haben, Mr. Neston, ist die letzte Schwäche eines weisen Mannes; Den Wunsch zu haben, für richtig gehalten zu werden, ist das eingefleischte Vorurteil der Narren."

„Letztes ist ein harter Spruch, Mylord", sagte George lachend.

„Es hängt wirklich hauptsächlich von Ihrem Einkommen ab", antwortete der Marquis. „Gute Nacht, Mr. Neston."

George sagte gute Nacht und ging weg. Er zuckte mit den Schultern bei dem Gedanken, dass selbst ein so kluger Mann wie Lord Mapledurham offenbar nicht in der Lage zu sein schien, seine Position einzuschätzen.

„Sie alle wollen, dass ich es lasse", überlegte er. „Nun, das werde ich, es sei denn ——! Aber morgen gehe ich nach Liverpool.

Er war unruhig und aufgeregt. Heim und Bett schienen inakzeptabel, und er begab sich in den Themis-Club, aus dem ihn die Machenschaften des Feindes noch nicht hinausgeworfen hatten. Dort fand er Sidmouth Vane, ausgestreckt auf einem Sofa und eine Zigarre rauchend.

„Warum bist du nicht zu Lord Mapledurham gekommen, Vane?" fragte George.

„Oh, warst du dort? Ich habe mit meinem Chef gegessen. Ich wusste nicht, dass du Mapledurham kennst."

„Ich habe ihn gestern zum ersten Mal getroffen."

„Er ist ein seltsamer alter Sünder“, sagte Vane. „Aber haben Sie die Neuigkeiten gehört?“

"NEIN. Gibt es irgendwelche?"

„Tommy Myles hat sich verlobt.“

George begann. Er hatte eine Ahnung vom Namen der Dame.

„Reiß dich zusammen, mein lieber Junge“, fuhr Vane fort. „Ertrage es wie ein Mann.“

„Sei kein Arsch, Vane. Ich nehme an, es ist Miss Bourne?“

Vane nickte. „Es wäre wirklich amüsant“, sagte er, „wenn du mir ehrlich sagen würdest, wie du dich fühlst. Aber das wirst du natürlich nicht tun. Sie sehen schon jetzt so aus, als hätten Sie noch nie von Miss Bourne gehört.“

„Bosh!“ sagte George.

„Jetzt frage ich mich immer, warum Leute das tun. Wenn ich von einem Mädchen abgelehnt wurde und –“

„Ich bitte um Verzeihung“, sagte George. „Miss Bourne hat mich nicht abgewiesen.“

„Nun, das wärst du gewesen, weißt du. Es läuft auf dasselbe hinaus.“

George lachte. „Ich wage zu behaupten, dass ich es tun sollte; aber ich hatte nie vor, mich einem solchen Schicksal auszusetzen.“

„George, mein Freund, denkst du, dass du die Wahrheit sprichst?“

„Ich spreche die Wahrheit.“

„Nicht das Geringste“, antwortete Vane ruhig. „Vor ein paar Monaten wolltest du sie fragen; und außerdem hätte sie dich gehabt.“

George war sich dunkel darüber im Klaren, dass dies der Fall sein könnte.

„Das entspricht nicht meiner Moral“, fuhr Vane fort.

„Deine Moral?“

"NEIN. Ich habe es aus dem *Volltreffer genommen* .“

George stöhnte.

„Heute Abend geben sie die Heirat bekannt und fügen hinzu, dass sie Grund zu der Annahme haben, dass die Verlobung größtenteils durch das gemeinsame Interesse der Parteien in *l'affaire Neston zustande gekommen ist* .“

„Ich würde sagen, dass sie ungewöhnlich genau sind.“

„Für diejenigen, die Augen haben, bedeutet das, dass sie dich wegen deiner Machenschaften sitzen gelassen und sich mit Tommy eingelassen hat. Infolgedessen verkünden Sie heute Abend „eine Moral und schmücken eine Geschichte.“

"Der Teufel!"

„Ja, nicht sehr beruhigend, oder? Aber so ist es. Ich habe bei Mrs. Pocklington vorbeigeschaut, und alle haben darüber geredet.“

„Die Pocklingtons waren?“

"Ja. Und sie fragten mich –“

"Wer hat dich gefragt?"

„Oh, Violet Fitzderham und Laura Pocklington – wenn es die Tatsache wäre, dass Sie in Miss Bourne verliebt waren.“

"Und was hast du gesagt?"

„Ich sagte, es sei eine Frage der Bekanntheit.“

„Verwirren Sie Ihren Klatsch! Da ist kein Wort der Wahrheit drin.“

„Das habe ich nicht gesagt. Ich sagte, es sei eine Frage der Bekanntheit. So war es."

„Und haben sie es geglaubt?“

„Hat wer das geglaubt?“ fragte Vane und lächelte leicht.

„Oh, Miss Pocklington und – und das andere Mädchen.“

„Ja, Miss Pocklington und das andere Mädchen, glaube ich, haben es geglaubt.“

"Was haben sie gesagt?"

„Das andere Mädchen sagte, es hätte dir recht getan.“

"Und--?"

„Und Miss Pocklington sagte, es sei Zeit für etwas Musik.“

„Bei meiner Seele, es ist schade!“

„Mein lieber Freund, du weißt, dass du in sie verliebt warst – auf deine fischartige Art. Nur du hast es vergessen. Man vergisst es, wenn –“

"Also?" fragte George.

„Wenn man in ein anderes Mädchen verliebt ist. Ah, George, du kannst meinem Adlerauge nicht entkommen! Ich habe dein Spiel gesehen und dir eine Gefälligkeit erwiesen."

George hielt es für sinnlos, sein Geheimnis geheim zu halten. „Das ist Ihre Vorstellung von Freundlichkeit, oder?"

"Sicherlich. Ich habe sie eifersüchtig gemacht."

„Wirklich", sagte George hochmütig, „ich denke, diese Diskussion über die Gefühle von Damen ist kaum geschmackvoll."

„Ganz richtig, alter Mann", antwortete Vane unbeirrt. „Es ist ein Glück, dass dir das nicht aufgefallen ist, bevor du alles gehört hast, was du wolltest."

„Ich sage, Vane", sagte George und beugte sich vor, „kam sie vor –"

„Miss Pocklington oder das andere Mädchen?"

„Oh, verdammt das andere Mädchen! Hat sie das, Vane, alter Junge?"

„Ja, das hat sie, ein bisschen, George, alter Junge."

„Ich bin ein Narr", sagte George.

„Oh, ich weiß nicht", sagte Vane tolerant. „Ich bin selbst immer ein Idiot, wenn es um solche Dinge geht."

„Ich muss sie morgen besuchen. Nein, ich kann morgen nicht gehen; Ich muss die Stadt verlassen."

"Ah! Wo?"

„Liverpool, geschäftlich."

„Liverpool, geschäftlich! Liebe mich! Ich erzähle dir noch etwas Seltsames, George: einen Zufall."

"Also?"

„Sie fahren morgen geschäftlich nach Liverpool. Nun, heute ist Frau Witt geschäftlich nach Liverpool gefahren."

"Der Teufel!" sagte George zum zweiten Mal.

KAPITEL XI.
EINE EHRLICHE FRAU PRÄSENTIEREN.

ZU stecken, ist eine der Lieblingsbeschäftigungen der Natur. Sie tut es grob, gewalttätig und unter mutwilliger Missachtung der Gefühle der quadratischen Pflöcke. Wenn sie in ihrem unermüdlichen Sport endlich den armen Pflock eingetrieben und ihn passend gemacht hat, indem sie alle Ecken abgeschlagen und abgeschliffen hat, verherrlichen Philosophen sie und nennen den Prozess Evolution, und einfache Männer wundern sich, warum sie nicht damit begonnen hat am anderen Ende und machen Sie die Löcher quadratisch, damit sie in die Stifte passen.

Der quadratische Haken, an dem diese abgedroschenen Überlegungen hängen, ist die arme Neaera Witt. Die Natur machte sie zu einem sorglosen, bequemen, optimistischen Geschöpf, nur um sie aus böswilliger Absicht in eine Umgebung zu treiben – das heißt, um es unwissenschaftlich auszudrücken: ein Loch –, wo sie die Ausrüstung eines Vollbluts brauchte Verschwörer.

Sie widersetzte sich der Operation; Sie vertraute beharrlich darauf, dass der Zufall sie aus den Strapazen befreien würde, in die sie, da sie keine Philosophin war, glaubte, der Zufall habe sie damit konfrontiert. Wenn sie eine Waffe in der Hand sah, benutzte sie sie, so wie sie es mit der Bournemouth-Figur getan hatte, aber größtenteils vertraute sie auf ihr Glück. George Neston würde scheitern, oder er würde nachgeben; oder Gerald wäre unbesiegbar ungläubig, oder, fügte sie hinzu und lächelte ihr Gesicht im Glas an, unbesiegbar verliebt. Irgendwie würden sich die Dinge von selbst klären; und im schlimmsten Fall würden zehn weitere Tage die Hochzeit herbeiführen; und nach der Hochzeit – Aber eigentlich kann man davon ausgehen, dass zehn Tage im Voraus liegen, besonders wenn in den zehn Tagen auch die Hochzeit stattfindet.

Dennoch hatte Sidmouth Vane ein Gespür dafür, mit seinen Informationen korrekt zu sein, und er hatte Recht mit seiner Aussage, dass Neaera geschäftlich nach Liverpool gereist war. Es war natürlich nur eine Vermutung, dass ihr Auftrag möglicherweise mit dem von George zusammenhing, aber es war zufällig eine richtige Vermutung. Neaera kannte die Schwachstelle in ihrer Rüstung genau. Bislang hatte sie sich darauf verlassen können, dass ihre Gegnerin es nicht erfuhr; doch als der entscheidende Moment näher rückte, überwand eine nervöse Unruhe ihre natürliche *Unbekümmertheit so weit*, dass sie sich dazu entschloss, in Erwartung eines Angriffs auf sie einen Versuch zu unternehmen, ihre Verteidigung zu vervollständigen. Sie wusste nichts von dem Zufall, der Georges Truppen gegen ihren verwundbaren Punkt gelenkt hatte, und bildete sich ein, dass sie selbst mit aller Wahrscheinlichkeit die einzige Person in London sei, für die der Name Mrs. Bort mehr als nur ein bedeutungsloses, unstimmiges Wort bedeuten würde Silbe. Für sie war der Name voller Bedeutung; Denn von ihrer Jugend an bis zu dem Tag des glücklichen Eingreifens dieses beleibten und alten *Deus ex machina* war der verstorbene Mr. Witt, Mrs. Bort, für Neaera die Verkörperung von Tugend und Moral und den körperlichen Eigenschaften gewesen, die Lord Mapledurham beeindruckt hatten Die leichtfertige Aufmerksamkeit war für sie lediglich der stirnrunzelnde Aspekt gewesen, unter dem sich Gerechtigkeit und Rechtschaffenheit darstellen.

Neaera war ein gutherziges Mädchen, und Frau Bort lebte jetzt von einer komfortablen Rente, aber keine Liebe vermischte sich mit dem Pflichtgefühl, das das Geschenk inspirierte. Mrs. Bort hatte ihre quasi mütterliche Autorität mit größtem Spielraum ausgelegt, und Neaera schauderte, als sie sich daran erinnerte, wie oft Mrs. Borts Disziplin sie auf eine Weise schlau gemacht hatte, gegen die Gewissenslosigkeit kein Schutzschild oder Schild war. Recorder Dawkins hätte gestöhnt, wenn er gewusst hätte, wie in Neaeras Erinnerung vor dem Bild von Mrs. Bort selbst die Angst vor der Justiz verblasste.

Diese kindischen Ängste lassen sich nur schwer abschütteln, und als Neaera luxuriös nach Liverpool raste, wurde ihr bewusst, dass ihr in dieser schrecklichen Gegenwart keine zufälligen Glorienscheine wie gegenwärtiger Reichtum oder zukünftiger Rang nützen würden. Die entscheidende Tatsache in der Situation, die Tatsache, dass Neaera keinen Weg sah, sich zu treffen, war, dass Frau Bort eine ehrliche Frau war. Neaera kannte sie und wusste, dass eine Bestechung mehr als nutzlos wäre, selbst wenn sie es wagen würde, sie anzubieten.

„Und ich glaube nicht", sagte Neaera und legte ihr hübsches Kinn auf ihre hübsche Hand, „dass ich es wagen sollte." Dann lachte sie reumütig. „Ich bin mir überhaupt nicht sicher, ob sie mich nicht schlagen würde; Und wenn ja, was könnte ich tun?"

Wahrscheinlich hat Neaera sogar die furchtlose Rechtschaffenheit von Frau Bort übertrieben, aber sie war so überzeugt von der Art des Empfangs, dass jeder Vorschlag der offensichtlichen Art auf ihn stoßen würde, dass sie beschloss, dass ihre einzige Möglichkeit darin bestand, sich auf Frau Bort zu stürzen. Borts Gnade, für den Fall, dass sich diese Dame gegenüber einem subtilen kleinen Vorschlag, der Neaeras erste Waffe war, als taub erwies.

Soweit Neaera wusste, waren Peckton und Manchester die einzigen Orte, an denen George Neston wahrscheinlich nach Spuren von ihr suchen würde. Obwohl Liverpool weit von Peckton entfernt war, lag die Nähe zu Manchester unangenehm. Jeder Tag hatte jetzt einen großen Wert. Wenn es ihr gelang, Mrs. Bort so schnell wie möglich an einen abgelegenen Ort zu bringen, würde sie in ihrem Wettlauf gegen die Zeit und George Neston keinen geringen Vorteil erlangen.

„Wenn sie nur nach Glentarroch geht, wird er sie nie finden."

Glentarroch war der Name eines kleinen Rückzugsortes im abgelegenen Schottland, wohin sich Herr Witt zur Ruhe und Erholung zurückzog. Es gehörte jetzt Neaera. Es war ein wunderschöner Ort, der immateriell war, und ein besonders unzugänglicher, der äußerst materiell war. Würden Mrs. Borts despotische Instinkte sie nicht dazu veranlassen, die Einladung anzunehmen, über Glentarroch zu herrschen? Neaera konnte es sich nicht leisten, Mitleid mit den unglücklichen Wights zu haben, über die Mrs. Bort herrschen würde.

Frau Bort empfing Neaera auf eine Weise, die für einen Rentner höchst ungebührlich war. „Nun, Nery", sagte sie, „was führt dich hierher? Nicht gut, ich bin gebunden. Wo ist deine Trauer?"

Neaera sagte, dass ihrer Meinung nach die Resignation gegenüber dem Willen des Himmels kein Grund zum Vorwurf sei und dass sie gekommen sei, um Frau Bort um einen Gefallen zu bitten.

„Ja, du kommst zu mir, wenn du etwas willst. Das ist die alte Geschichte."

Neaera erinnerte sich, dass Frau Bort oft ihre eigene Meinung darüber vertreten hatte, was der Bittsteller wollte, und etwas ganz anderes gegeben hatte, als verlangt wurde; aber trotz dieser wenig vielversprechenden Eröffnung hielt sie durch und präsentierte Mrs. Bort ein umwerfendes Bild der Pracht, die sie in Glentarroch erwartete.

„Und ich werde Ihnen sehr dankbar sein. Ich weiß wirklich nicht, was die Bediensteten – insbesondere die Mädchen – tun."

„Machen Sie weiter, ich bin gebunden", sagte Frau Bort. „Warum gehst du nicht selbst, Nery?"

„Oh, das kann ich tatsächlich nicht. Ich – ich muss in London bleiben."

„Es hört sich hässlich, kalt und langweilig an, kleiner Ort", sagte Frau Bort.

„Oh, natürlich werde ich das alles in Betracht ziehen –"

„Er – er!" Frau Bort kicherte unangenehm. „Also ist es doch kein Sweet Spot, wie du es nennst?"

Neaera erholte sich ohne Würde und erklärte, dass sie an vierzig Pfund pro Jahr dachte und alles fand.

„Ah, wenn ich wüsste, was du vorhast, Nery!"

Neaera deutete an, es handele sich lediglich um gegenseitiges Entgegenkommen. „Und wir dürfen wirklich keine Zeit verlieren", sagte sie klagend. „Ich werde jeden Tag ausgeraubt."

„Witwen haben schwere Zeiten", sagte Frau Bort. Und Neaera hielt es nicht für nötig zu sagen, wie bald ihre schweren Zeiten zu Ende gingen.

„Kommen Sie morgen Nachmittag wieder, ich sage es Ihnen", lautete Mrs. Borts Ultimatum. „Und passen Sie auf, dass Sie keinen Unfug treiben."

„Warum Nachmittag?" fragte Neaera.

„Weil ich wasche", sagte Frau Bort schnippisch. "Deshalb."

Vergeblich flehte Neaera um eine sofortige Antwort. Frau Bort sagte, ein Tag könne keine Rolle spielen, und wenn Neaera sie noch mehr dränge, solle sie das als Zeichen dafür betrachten, dass etwas „im Gange" sei, und sich weigern, überhaupt hinzugehen. Neaera wurde zum Schweigen gebracht und kehrte traurig in ihr Hotel zurück.

„Wie ich diese gute, gute Frau hasse!" Sie weinte. „Solange ich lebe, werde ich sie nie wieder sehen, ab morgen. Oh, ich würde sie am liebsten schlagen!"

Die Antriebe von Ursache zu Ursache sind, wie Bacon gesagt hat, unendlich. Wenn Mrs. Bort sich an diesem Freitag nicht gewaschen hätte – im technischen Sinne natürlich –, wäre Neaera gekommen und gegangen – vielleicht wäre sogar Mrs. Bort auch gegangen –, bevor der Zug George Neston nach Liverpool brachte, und sein Eifer Nachforschungen führten ihn zu Mrs. Borts Wohnung. So wie es war, ließ Mrs. Borts kleine Dienerin ihn im Wohnzimmer warten, während ihre Herrin in der Küche mit einer Frau sprach. Die kleine Dienerin hielt „weiblich" für die höflichste Art, eine Person zu beschreiben, die kein Mann war, und verlieh den Titel Neaera aufgrund ihrer raschelnden Roben und ihres Sonnenschirms mit der goldenen Spitze.

George stellte seinem Informanten keine Fragen und zeigte damit, dass er in der *Rolle* des Detektivs ein quadratischer Pflock in einem runden Loch war. Aus der Küche hörte er das Gemurmel zweier gedämpfter Stimmen, von denen jedoch die eine die andere dominierte.

„Das muss Frau Bort sein", dachte er. „Ich wünschte, ich könnte die Frau hören."

Dann ließ er seine Aufmerksamkeit schweifen, denn er stellte sicher, dass es sich bei der Unbekannten nicht um Neaera handeln konnte, da sie ihn schon einen Tag zuvor gesehen hatte. Er ließ nicht zu, dass Frau Bort sich wäscht.

Plötzlich wurde die dominante Stimme auf eine deutliche Tonhöhe angehoben.

„Habt ihr es ihm gesagt", hieß es, „oder habt ihr ihn angelogen, so wie ihr mich gestern angelogen habt?"

„Das habe ich nicht – das habe ich nicht", war die Antwort. „Du hast mich nie gefragt, ob ich heiraten würde."

„Oh, geh mit! Du weißt, wie ich darauf geantwortet hätte, als du bei mir gelebt hättest."

"Wie ist das?" fragte George mit einem leichten Lächeln.

„Habt ihr es ihm gesagt?"

„Ihm was gesagt?" fragte Neaera; denn es war eindeutig Neaera.

„Habe ihm gesagt, dass du ein Dieb bist."

„Diese Frau ist ein Unmensch", dachte George.

„Hast du?"

„Nein, nicht ganz. Wie kannst du es wagen, mich zu befragen?"

"Wagen!" sagte Frau Bort; und George wusste, dass sie mit in die Seite gestemmten Armen dastand. "Wagen!" sie wiederholte *das Crescendo* ; und anscheinend wirkte ihr Anblick bedrohlich, denn Neaera schrie:

„Oh, das habe ich nicht so gemeint. Lass mich gehen."

„Sag die Wahrheit, wenn deine Zunge es schafft. Die Wahrheit, ja?"

„Die Zwei!" sagte George; denn nach dieser letzten Rede hörte er ein Schluchzen.

„Nein, das habe ich nicht. Ich – oh, erbarme dich meiner!"

"Barmherzigkeit! Es ist keine Gnade, es ist ein Stock, den du willst. Aber ich werde es ihm sagen."

„Ah, hör auf, um Himmels willen!"

Es gab eine kleine Rauferei; Dann flog die Tür auf und Frau Bort erschien, während Neaera sich hilflos an ihre Knie klammerte.

George stand auf und verneigte sich höflich. „Ich fürchte, ich störe mich", sagte er.

„Das lässt sich leicht reparieren", sagte Frau Bort bedeutungsvoll.

Neaera war aufgesprungen, als er ihn sah, und lehnte sich atemlos an die Tür, als wäre er ein hilfloses Wesen, das in die Enge getrieben wurde.

„Wer hat dich reingelassen?" fragte die Dame des Hauses.

"Dein Diener."

„Ich lasse *sie* rein", sagte Frau Bort düster. „Wer seid ihr?"

George sah Neaera an. „Mein Name ist Neston", sagte er sanft.

„Neston?"

"Sicherlich."

„Dann sind Sie in guter Zeit; Ich wollte dich, junger Mann. Siehst du diese Frau?"

"Sicherlich; Ich sehe Frau Witt."

„Weißt du, was sie ist? Zeit, dass du es tust, wenn du sie in die Kirche mitnehmen willst."

Neaera begann.

„Das hoffe ich", sagte George lächelnd; „Und ich glaube, ich weiß alles über sie."

„Ja, jetzt? Haben Sie zufällig jemals von Peckton gehört?"

Neaera vergrub ihr Gesicht in ihren Händen und weinte.

„Ah, schade, dass du nichts zum Weinen hast! Ich dachte, ich würde eine Sünde für zehn Pfund im Monat sehen, oder?"

George schaltete sich ein; er fing an, sich zu amüsieren. „Peckton? Oh ja. Die Schuhe, meinst du?"

Frau Bort schnappte nach Luft.

„Eine Kleinigkeit", sagte George und wedelte mit den Schuhen in die Schwebe.

"Gnädig! Du gehörst doch nicht in die gleiche Richtung, oder?"

George schüttelte den Kopf.

"Irgendetwas anderes?" fragte er und lächelte immer noch süß.

„Nur eine Kleinigkeit zu fälschen", sagte Frau Bort. „Aber vielleicht hat sie von mir das bekommen, was sie verdient."

„Schmieden?" sagte George. „Oh ah, ja. Du meinst etwa –"

„Ihre Wohnung in Bournemouth? Ah, Nery, hast du noch keine Schmerzen?"

Anscheinend hat Neaera es getan. Sie zitterte und stöhnte.

„Aber ich habe es", fuhr Nemesis fort; und sie sprang durch den Raum zu einem Schrank. „Da, lesen Sie das."

George nahm es ruhig auf, las es aber mit heimlichem Eifer. Es handelte sich um die ursprüngliche Figur und besagte, dass Miss Gale ihren Dienst im Mai und nicht im März 1883 antrat.

„Ich habe sie dabei erwischt, wie sie es kopierte und Daten änderte. Meine Güte, wie ich es gemacht habe –"

„Lieber, Schatz!" unterbrach George. „Ich hatte Angst, dass es etwas Neues ist. Sonst noch etwas, Frau Bort?"

Frau Bort wurde geschlagen.

„Geh mit", sagte sie. „Wenn es dir gefällt, ist es für mich nichts. Aber schließen Sie Ihre Sparbüchse ab.

„Ich gratuliere Ihnen, Frau Bort, dass Sie Ihre Pflicht getan haben."

„Ich bin eine ehrliche Frau", sagte Frau Bort.

„Ja", antwortete George, „bei den Kräften, die du hast!" Dann wandte er sich an Frau Witt und fügte hinzu: „Sollen wir gehen – Neaera, mein Lieber?"

„Ihr werdet beide am Galgen sterben", sagte Frau Bort.

„Komm, Neaera", sagte George.

Sie nahm seinen Arm und sie gingen hinaus. George gab der kleinen Dienerin ein hübsches Trinkgeld, um sie für die Aussicht zu entschädigen, von ihrer Herrin „eingelassen" zu werden.

Georges Taxi stand vor der Tür. Er übergab Neaera. Sie weinte immer noch halb und sagte nichts, außer ihm den Namen ihres Hotels zu nennen. Dann lüftete er seinen Hut und sah zu, wie sie vertrieben wurde, während er sich mit dem Taschentuch über die Stirn wischte.

„Pheugh!" sagte er: „Ich habe es jetzt getan – und was für eine höllische Schande ist das!"

KAPITEL XII.
NICHT VOR DIESEN MÄDCHEN!

ES ist eine berüchtigte Tatsache, dass Männer jeden Alters und jeder Situation streiten, und zwar manchmal mit Gewalt. Auch Frauen aus einem niedrigen sozialen Rang sind Zwietracht nicht fremd, und die Feder der Satire hat die Streitereien und Streitereien nicht verschont, die zwischen älteren Damen mit tadelloser Stellung und zwischen jungen Damen mit möglicherweise nicht tadelloser Moral entstehen. Es ist schwerer zu glauben, besonders für junge Männer, deren Bärte noch weich am Kinn liegen, dass auch die anmutige, sanfte Mädchenzeit streitet. Niemand würde es glauben, wenn es auf der Welt keine Schwestern gäbe; aber unglücklicherweise ist er trotz der natürlichen Tendenz anzunehmen, dass alle Eigenschaften, die besonders erdig sind, auf seine eigenen Schwestern beschränkt sind und bei den Schwestern seiner Freunde keinen Platz haben, ein Mann der Reflexion, der seine Beobachtungen mit den verschiedenen von Logikern vorgeschlagenen Methoden überprüft , muss zu dem Schluss kommen, dass es sich hier um ein weiteres Beispiel der alten Wahrheit handelt, dass ein Ding nicht nur deshalb als nichtexistent betrachtet werden kann, weil es für eine Person, die es nicht sehen soll, nicht sichtbar ist. Diese große Entschuldigung für den folgenden Vorfall wird im Interesse des Rufs des Erzählers als Realist als notwendig erachtet.

Tatsache ist, dass es bei Mrs. Pocklington eine sogenannte „Szene" gegeben hatte. Es kam so zustande, dass Isabel Bourne in Begleitung von Maud Neston Laura aufsuchte, um Glückwünsche entgegenzunehmen. Laura tat ihre Pflicht, beglückwünschte ihre Freundin zu Tommys Ballbesitz und Tommys Titel im Rückschlag und unterdrückte loyal ihre persönliche Meinung darüber, welche Rolle diese beiden Faktoren jeweils bei der Herbeiführung des angekündigten Ergebnisses gespielt hatten. Ihre Nachsicht wurde nicht belohnt; denn um die Angelegenheit zum Abschluss zu bringen und den zufriedenstellenden Stand der Dinge schlüssig zu demonstrieren, muss Maud unbedingt bemerken: „Und was für eine Lektion wird das für George sein!"

Laura sagte nichts.

„Oh, das darfst du nicht sagen, Liebes", wandte Isabel ein. „Es ist wirklich nicht richtig."

„Ich werde es sagen", sagte Maud; „Es ist genau das, was er verdient, und ich weiß, dass er es selbst spürt."

„Hat er es dir gesagt?“ fragte Laura und hielt beim Einschenken des Tees inne.

Maud lachte.

„Kaum, mein Lieber. Außerdem reden wir nicht miteinander. Aber Gerald und Mr. Myles haben es beide gesagt.“

„Gerald und Mr. Myles!“ sagte Laura.

„Bitte, rede nicht darüber“, warf Isabel ein. „Was passiert ist, hat keinen Unterschied gemacht.“

„Warum, Isabel, du konntest ihn nicht mehr haben, nachdem –“

„Nein“, sagte Isabel; „Aber vielleicht, Maud, hätte ich ihn vorher nicht haben sollen.“

„Natürlich würdest du das nicht tun, Liebes. Du hast seinen wahren Charakter gesehen.“

„Du hast ihn nie wirklich abgelehnt, oder?“ fragte Laura.

„Nein, nicht ganz.“

„Was hast du dann gesagt?“

"Was habe ich gesagt?"

„Ja, als er dich gefragt hat, weißt du“, sagte Laura mit einem kleinen Lächeln.

Isabel sah sie misstrauisch an. „Er hat mich nie wirklich gefragt“, sagte sie würdevoll.

"Oh! Ich dachte, du meintest …“

„Aber sie wusste natürlich, dass er es wollte“, warf Maud ein. „Hast du das nicht auch, Liebes?“

„Nun, das dachte ich mir“, sagte Isabel bescheiden.

„Ja, ich weiß, dass du das gedacht hast“, sagte Laura. „Tatsächlich hat das jeder gesehen. War es sehr schwer, ihn daran zu hindern?“

Isabels Farbe stieg. „Ich weiß nicht, was du meinst, Laura“, sagte sie.

Laura lächelte mit einer Unannehmlichkeit, die einen echten Sieg über die Natur darstellte. „Männer denken manchmal“, bemerkte sie, „dass Mädchen es ziemlich eilig haben zu glauben, dass sie einen Heiratsantrag machen wollen.“

„Laura!“ rief Maud.

„Man sagt sogar, dass der Wunsch der Vater des Gedankens ist", fuhr Laura
fort, immer noch lächelnd, aber jetzt ein wenig zitternd.

Isabel wurde roter. "Ich verstehe Sie nicht. Man könnte meinen, Sie meinten,
ich sei ihm nachgelaufen."

Laura schwieg.

„Jeder weiß, dass er jahrelang in Isabel verliebt war", sagte Maud empört.

„Er war sehr geduldig", sagte Laura.

Isabel erhob sich. „Ich werde nicht hier bleiben und mich beleidigen lassen.
Es ist ganz offensichtlich, Laura, warum du so etwas sagst."

„Ich sage nichts. Nur--"

"Also?"

„Das nächste Mal könnten Sie erwähnen, dass einer der Gründe, warum Sie
Mr. Neston abgelehnt haben, darin bestand, dass er Sie nie gefragt hat."

„Ich sehe, was es ist", sagte Isabel. „Nicht wahr, Maud?"

„Ja", sagte Maud.

"Was ist es?" forderte Laura.

"Oh nichts. Nur, ich hoffe – ich wünsche dir viel Freude mit ihm."

„Wenn Ihnen ein Verleumder nichts ausmacht", fügte Maud hinzu.

"Es ist nicht wahr!" sagte Laura. „Wie kannst du es wagen, das zu sagen?"

„Pass auf dich auf, Liebes, dass er nicht denkt, dass du es eilig hast – Wie war
dein Satz?" sagte Isabel.

„Das ist absolut beschämend", sagte Maud.

„Ich höre mir nicht gern an, wie ein Freund umsonst heruntergekommen
ist", erklärte Laura.

"Ein Freund? Wie sehr ritterlich du bist! Komm, Maud, meine Liebe.

„Auf Wiedersehen, Laura", sagte Maud. „Ich bin mir sicher, dass es dir leid
tun wird, wenn du darüber nachdenkst."

„Nein, das werde ich nicht. ICH--"

"Dort!" sagte Isabel. „Ich habe keine Lust mehr, beleidigt zu werden."

Die beiden Besucher rauschten hinaus und Laura blieb allein zurück. Daraufhin begann sie zu weinen. „Ich hasse diese Art von Vulgarität", sagte sie und wischte sich die Augen. „Ich glaube nicht, dass er jemals gedacht hat —"

Mrs. Pocklington trat mit weltmännischer Majestät ein. „Na, ist Isabel mit ihrem kleinen Mann zufrieden?" Sie fragte. „Warum, Kind, was ist los?"

„Nichts", sagte Laura.

„Du weinst."

"Nein, bin ich nicht. Diese Mädchen waren schrecklich."

"Wie wäre es mit?"

„Oh, die Verlobung und —"

"Und was?"

„Und der arme Mr. Neston — George Neston."

„Oh, armer George Neston. Was haben sie gesagt?"

„Isabel tat so, als wäre er in sie verliebt gewesen und — und war in sie verliebt und sie hätte ihn abgelehnt."

„Oh, und das hat dich zum Weinen gebracht?"

"Nein, nicht das--"

"Was dann?"

„Oh, bitte, Mama!"

Frau Pocklington lächelte. „Hör auf zu weinen, mein Lieber. Früher hat es mir gepasst, aber dir passt es nicht. Hör auf, Liebes."

„Sehr gut, Mama", sagte die arme Laura und fand es ein wenig schwer, nicht einmal zu weinen.

„Hast du vor den Mädchen geweint?"

„Nein", sagte Laura mit Nachdruck.

„Gutes Kind", sagte Mrs. Pocklington. "Jetzt hör mir zu. Du sollst nie wieder an ihn denken —"

"Mama!"

„Bis ich es dir sage."

"Ah!"

„Ein lästiger, aufdringlicher Kerl. Ist dein Vater da, Laura?“

"Ja, Liebes. Wirst du ihn ungefähr —— sehen?“

„Na, du bist genauso schlimm wie Isabel!“ sagte Mrs. Pocklington mit gespielter Strenge und löste Lauras Arme von ihrem Hals. „Er hat dich auch nie gefragt!“

„Nein, Liebes; Aber--"

„Die Eitelkeit dieser Kinder! Da, lass mich gehen; Und um Himmels willen, sei kein Heulsuse, Laura. Männer hassen Wasserflaschen.“

Mit einer Mischung aus Trost und Tadel machte sich Mrs. Pocklington auf den Weg zum Arbeitszimmer ihres Mannes.

„Ich möchte fünf Minuten, Robert“, sagte sie und setzte sich.

„Es ist tausend Pfund pro Minute wert, meine Liebe“, sagte Mr. Pocklington freundlich und legte seine Pfeife und seine Papiere nieder. „Was ist mit diesem Streik —“

"Schlagen!" sagte Frau Pocklington empört. „Warum lässt du sie zuschlagen, Robert?“

„Ich kann nicht anders. Sie wollen mehr Geld.“

"Unsinn! Sie wollen ihre Katechismen lernen. Aber ich bin nicht gekommen, um darüber zu reden.“

„Es tut mir leid, dass du es nicht getan hast, meine Liebe. Ihre Ansichten sind erfrischend.“

„Robert, Laura hat eine Vorliebe für den jungen George Neston.“

"Oh!"

"'Oh!' sagt mir nicht viel.“

„Nun, du weißt alles über ihn.“

„Er ist ein ganz ausgezeichneter junger Mann. Arm."

„Ein Armer?“

"NEIN. Genug."

"In Ordnung. Wenn Sie zufrieden sind, bin ich es. Aber hat er sich nicht wegen irgendeiner Frau lächerlich gemacht?“

„Wirklich, Robert, wie seltsam du dich ausdrückst! Ich nehme an, du meinst über Neaera Witt?“

"Ja das ist es. Ich habe ein Gerücht gehört."

„Ich habe ein Gerücht gehört! Natürlich haben Sie jedes Wort darüber gelesen und im Club und im Haus darüber getratscht. Nun, nicht wahr?"

„Vielleicht habe ich das", gab ihr Mann zu. „Ich denke, er ist ein junger Idiot."

„Soll ich es als Hindernis betrachten?"

„Na, was denkst du selbst?"

"Das ist deine Angelegenheit. Männer wissen über so etwas Bescheid."

„Ist das Kind – eh?"

„Ja, eher."

"Und er?"

„Oh ja, oder wird es sehr bald sein, wenn er sieht, dass sie es ist."

„Arme kleine Lally!" sagte Herr Pocklington. Dann saß er da und dachte nach. „Es ist ein Hindernis", sagte er schließlich.

"Ah!" sagte seine Frau.

„Er muss sich selbst in Ordnung bringen."

„Meinst du, beweisen, was er sagt?"

„Nun, zeigen Sie auf jeden Fall, dass er eine gute Entschuldigung dafür hatte, es zu sagen."

„Ich denke, es ist ein bisschen schwierig. Aber die Entscheidung liegt bei Ihnen."

Herr Pocklington nickte.

„Dann ist das geklärt", sagte Mrs. Pocklington. „Es ist ein großer Trost, Robert, einen Mann auf dem Gelände zu haben, der weiß, was er will."

„Seien Sie sanft zu ihr", sagte er und kehrte zum Streik zurück.

Die anderen Parteien, die an der Auseinandersetzung über Georges Verdienste teilgenommen hatten, hatten sich aus einem natürlichen Impuls heraus zu Neaera Witt begeben, in der Hoffnung, für ihren heiligen Eifer gedankt zu werden. Sie waren enttäuscht, denn als sie in Albert Mansions ankamen, wurde ihnen mitgeteilt, dass Neaera, obwohl aus Liverpool zurückgekehrt, nicht zu sehen sei. "Herr. Neston hat über eine Stunde darauf gewartet, sie zu sehen, Fräulein", sagte Neaeras höchst respektable Dienerin, „aber sie verlässt ihr Zimmer nicht."

Gerald hörte ihre Stimmen und kam heraus.

„Ich kann mir nicht vorstellen, was los ist", sagte er.

„Oh, ich nehme an, die Reise hat sie umgehauen", schlug Isabel vor.

„Wirst du warten, Gerald?" fragte Maud.

„Nun, nein. Tatsache ist, dass sie mir eine Nachricht geschickt hat, dass ich gehen soll."

„Dann komm mit mir nach Hause", sagte Isabel, „und wir werden versuchen, dich zu trösten." Gerald würde ihre Geschichte genauso genießen wie Neaera.

Niedergeschlagenheit ist bei Personen, die auf einem aktiven Vulkan campen, entschuldbar, und Neaera war der Meinung, dass dies durchaus ihre Position sei. Jeden Moment könnte sie in den Weltraum geschleudert werden, ihre angenehmen Träume würden zunichte gemacht, ihre Verfechter würden beschämt und sie könnte für immer von dem einzigen Platz im Leben vertrieben werden, den sie einnehmen wollte. Ihre Erniedrigung war erbärmlich, und ihre Reue, die lediglich aus einer Niederlage resultiert, bietet keinen Grund zur Erbauung. Sie dachte ernsthaft daran, wegzulaufen; denn sie glaubte nicht, Geralds Zorn oder, noch schlimmer, seinen Kummer ertragen zu können. Er würde sie verstoßen, und die Gesellschaft würde sie verstoßen, und diese schrecklichen Zeitungen würden ihren Donner gegen sie richten. Sie hätte sich vielleicht mit Geralds Liebe über die Verbannung aus der Gesellschaft trösten können, vielleicht aber auch über den Verlust seiner Liebe mit den Triumphen der Gesellschaft; aber sie würde beides verlieren und hätte niemanden auf der ganzen Welt, mit dem sie sprechen könnte, außer dieser hasserfüllten Frau Bort. So saß sie da und sinnierte traurig mit der schwanzlosen Katze, dem Geschenk eines freundlichen Wärters im Peckton-Gefängnis, die auf dem Teppich vor ihr schnurrte und unbewusst eine unwiderrufliche Vergangenheit und eine Zukunft ohne Freude verkörperte.

KAPITEL XIII.
ENTHÄLT MEHR ALS EIN ULTIMATUM.

ES war ein Glück, dass Mr. Blodwell am Samstagmorgen nicht sehr beschäftigt war, sonst hätte er sich über die Wahl seiner Kammern für einen Rat geärgert und wäre nicht dadurch besänftigt worden, dass er gebeten wurde, an den Beratungen teilzunehmen. Um elf Uhr morgens traf Gerald Neston ein, begleitet von Sidmouth Vane und Mr. Lionel Fitzderham, der erstens Mrs. Pocklingtons Bruder und zweitens Vorsitzender des Ausschusses der Themis war Verein.

„Wir sind gekommen, Sir", sagte Gerald, „um Sie zu bitten, Ihren Einfluss bei George geltend zu machen. Sein Verhalten ist unerträglich."

"Etwas Neues?" fragte Herr Blodwell.

„Nein, das ist es einfach. Das ist Samstag. Ich werde am Montag in der Woche heiraten; und George tut nichts."

„Was soll er tun?"

„Warum? Er muss zugeben, dass er Unrecht hat, da er nicht beweisen kann, dass er Recht hat."

Mr. Blodwell sah Fitzderham an.

„Ja", sagte dieser. „So kann es nicht bleiben. Die Dame muss freigesprochen werden, wenn ihre Schuld nicht nachgewiesen werden kann. Zu diesem Schluss sind wir eindeutig gekommen."

"Wir?"

„Das Komitee der Themis."

„Oh, ah, ja. Und du, Vane?"

„Ich stimme zu", sagte Vane kurz. „Ich habe George bisher unterstützt, aber ich stimme zu, dass er das eine oder das andere tun muss."

„Nun, meine Herren, ich denke, Sie haben Recht. Nur, wenn er nicht will?"

„Dann werden wir Maßnahmen ergreifen", sagte Fitzderham.

„Das werde ich auch", sagte Gerald.

Vane zuckte mit den Schultern.

Herr Blodwell klingelte.

„Ist Mr. George da, Timms?" er hat gefragt.

"Jawohl; gerade angekommen."

„Bitten Sie ihn, bei mir einzutreten, wenn er möchte. „Ich verstehe nicht“, fuhr er fort, „warum Sie es nicht mit ihm regeln sollten. Ich habe damit nichts zu tun, Gott sei Dank.“

George trat ein. Er war überrascht, die Deputation zu sehen, wandte sich aber ausschließlich an Blodwell.

„Hier bin ich, Sir. Was ist es?"

„Diese Herren“, sagte Herr Blodwell, „glauben, dass es für Sie an der Zeit ist, Ihre Anschuldigungen zurückzuziehen oder sie zu beweisen.“

„Sehen Sie, George“, sagte Vane, „es ist nicht fair, Frau Witt unter diesem unbestimmten Stigma zurückzulassen.“

„Bei weitem nicht“, sagte Fitzderham.

George stand mit dem Rücken zum Kaminsims. „Ich stimme voll und ganz zu“, sagte er. „Mal sehen – der heutige Samstag. Wann ist die Hochzeit, wenn …?“

„Montagwoche“, sagte Blodwell hastig, aus Angst vor einer Explosion von Gerald.

"Sehr gut. Am Dienstag--"

„Ein Telegramm für Sie, Sir“, sagte Timms, als er eintrat.

„Entschuldigung“, sagte George.

Er öffnete und las sein Telegramm. Es lautete: „Ja – meine Handschrift. Wir werden mit der nächsten registrierten Post zurückkommen – Horne, Bournemouth.“

„Am Montag“, fuhr George fort, „um fünf Uhr nachmittags werde ich alles beweisen, was ich gesagt habe, oder es zurückziehen.“

Gerald sah unruhig aus, aber er versuchte zu glauben oder zumindest den Anschein zu erwecken, dass Georges Verzögerung nur dazu diente, seine Kapitulation weniger abrupt zu gestalten.

"Sehr gut! Sollen wir uns hier treffen?“

„Nein“, sagte Gerald. "Frau. Witt sollte anwesend sein.“

„Ist das wünschenswert?“ fragte George.

"Natürlich ist es das."

"Wie du magst. Ich sollte nein sagen. Aber fragen Sie sie und lassen Sie sich von ihren Wünschen leiten.“

„Na dann, bei Lord Tottlebury?" schlug Vane vor.

„Auf jeden Fall", sagte George. Und mit einem leichten Nicken verließ er den Raum.

„Ich hoffe", sagte Mr. Blodwell, „dass es Ihnen gut gelungen ist, die Dinge auf die Spitze zu treiben."

„Konnte nicht anders", sagte Vane kurz.

Und der Rat löste sich auf.

Das Telegramm von Mrs. Horne vervollständigte Georges Position. Es war für Neaera unmöglich, gegen solche Beweise anzukämpfen, und sein Triumph war von dem Moment an gesichert, als er das Originaldokument vorlegte und es mit Neaeras manipulierter Kopie verglich. Außerdem hielt sich Frau Bort bei Bedarf im Hintergrund; und obwohl ihn ein Impuls des Mitleids dazu gebracht hatte, Neaera in Liverpool zu beschützen, hielt ihn das keineswegs davon ab, Mrs. Bort zu seiner Hilfe zu rufen, wenn er sie brauchte. Die Neston-Ehre war sicher, ein Betrüger entlarvt und die Sache der Moral, Seriosität, Wahrheit und Anstand kraftvoll vorangetrieben. Vor allem war es George selbst möglich, seine Feinde in die Flucht zu schlagen, die unerrötende Wange des *Bull's-eye zum Erröten zu bringen* und seine Freunde zu treffen, ohne das Gefühl zu haben, dass sie sich vielleicht schämten, gesehen zu werden, wie sie mit ihm redeten.

Die Freude über die letztgenannte Aussicht war so groß, dass George sich nicht entschließen konnte, sie aufzuschieben, und am Nachmittag machte er sich auf den Weg, die Pocklingtons zu besuchen. Es konnte nicht schaden, ihnen zumindest einen Hinweis auf die veränderte Lage seines Schicksals zu geben, die in Wirklichkeit auf Mrs. Pocklingtons Freundlichkeit zurückzuführen war, ihn Lord Mapledurham vorzustellen. Es wäre sicherlich sehr angenehm, den Pocklingtons, insbesondere Laura Pocklington, zu beweisen, dass sie berechtigt gewesen waren, ihm zur Seite zu stehen, und dass er nicht Anspruch auf die gutmütige Toleranz hatte, die der Ehrlichkeit zuteil wird, sondern auf die Bewunderung, die ihr gebührt Erfolg.

Zumindest in Sachen Liebe kann George Neston nicht als idealer Held dargestellt werden. Helden vereinen die widersprüchlichen Eigenschaften von Gewalt und Beständigkeit: George hatte keines von beiden gezeigt. Isabel Bourne hatte seinem Urteil Genüge getan, ohne sein Blut zu erregen. Als sie annahm, dass sie so schlecht beraten war, sich gegen ihn zu stellen, gab er ohne große Schmerzen auf, eine Aussicht, die fast zur Gewohnheit geworden war. Leicht und unmerklich hatte das hübsche Bild von Laura Pocklington den leeren Raum gefüllt. Als er sich auf den Weg zu Mrs. Pocklington machte, lächelte er bei dem Gedanken, dass er sich vor ein oder zwei Monaten mit Zustimmung, wenn auch nicht mit Entzücken, auf ein

Leben mit Isabel Bourne gefreut hatte. Hätte es die Verzückung schon früher gegeben, wäre es traurig zu denken, dass das Lächeln jetzt vielleicht breiter gewesen wäre; Denn wenn die Liebe in Angst geboren und in Freude gepflegt wird, wird sie oft ohne Wehklagen begraben und mit Belustigung zurückgedrängt – freundlich, sogar zärtlich, aber immer noch belustigt. Eine entspannte Fantasie wie die von George für Isabel kann nicht einmal den Tribut einer Träne hinter dem Lächeln für sich beanspruchen – einer Träne, die durch ihre Anwesenheit ein weiteres Lächeln hervorruft. George war Isabel nicht einmal dankbar für einen angenehmen Traum und ein sanftes Erwachen. Sie war gegangen; und außerdem hätte sie nie kommen dürfen: und damit war es zu Ende.

Nachdem George Isabel begraben hatte, läutete er gefasst die Glocke. Er könnte Laura Pocklington heute bitten, ihn zu heiraten, oder auch nicht. Er würde sich in dieser Angelegenheit von den Umständen leiten lassen; aber er würde sie auf jeden Fall fragen, und zwar bald; denn sie war das einzige Mädchen, mit dem er jemals glücklich sein konnte, und wenn er herumtrödelte, war seine Chance vielleicht vertan. Natürlich lag ihr eine Schar von Verehrern zu Füßen, und obwohl George seine eigenen Ansprüche nicht allzu bescheiden beurteilte, hatte er das Gefühl, dass es seine Pflicht sei, aufzustehen. Es ist wahr, dass die Menge der Freier nicht sehr stark zu sehen war, aber wer könnte an ihrer Existenz zweifeln, ohne den Verstand und die Sehkraft der Menschheit in Frage zu stellen?

Zufälligerweise sah George Laura jedoch nicht. Er sah Mrs. Pocklington, und diese Dame lenkte das Gespräch sofort auf das eindringliche Thema Neaera Witt. George konnte nicht umhin, einen Hinweis auf seinen bevorstehenden Sieg zu verspüren.

"Arme Frau!" sagte Frau Pocklington. „Aber um deinetwillen bin ich sehr froh.“

„Ja, es befreit mich aus einer misslichen Lage.“

„Genau das, was mein Mann gesagt hat. Er glaubte, dass Sie unbedingt beweisen müssten, was Sie gesagt haben, oder zumindest eine gute Entschuldigung dafür liefern würden.“

„Absolut gebunden?“

„Nun, ich meine, wenn du deinen Platz in der Gesellschaft behalten würdest.“

„Und in deinem Haus?“

„Oh, so weit ist er nicht gegangen. Alle kommen zu mir nach Hause.“

"Ja; Aber, Mrs. Pocklington, ich möchte nicht in der Eigenschaft „jedermann" auftreten."

„Dann glaube ich, dass er gemeint hat, dass Sie tun müssen, was ich sage, bevor Sie in irgendeiner anderen Funktion weiterkommen."

George sah Mrs. Pocklington an. Mrs. Pocklington lächelte diplomatisch.

„Ist Miss Pocklington draußen?" fragte George.

„Ja", sagte Mrs. Pocklington, „sie ist draußen."

„Nicht bald zurück?" fragte George und lächelte seinerseits.

"Noch nicht."

"Nicht bis--?"

„Nun, Mr. Neston, ich wage zu behaupten, dass Sie wissen, was ich meine."

"Ich glaube schon. Zum Glück gibt es keine Schwierigkeiten. Sollen wir Dienstag sagen?"

„Wenn der Dienstag kommt, werden wir sehen, ob wir Dienstag sagen."

„Und ansonsten bin ich--?"

„Sonst, mein lieber George, hast du niemanden, den du überreden kannst, außer –"

„Ah, das ist die schwierigste Aufgabe von allen."

„Davon weiß ich nichts. Ich hoffe nur, dass Sie glauben, was Sie sagen. Junge Männer sind heutzutage so eingebildet."

„Wenn Miss Pocklington hereinkommt, werden Sie ihr sagen, wie leid es mir tut, sie nicht zu sehen?"

"Sicherlich."

„Und dass ich mich auf Dienstag freue?"

"NEIN; Dazu werde ich nichts sagen. Du bist noch nicht über den Berg.

"Oh ja bin ich."

Aber Mrs. Pocklington blieb standhaft; und George ging, weil er spürte, dass die letzte Möglichkeit der Gnade für Neaera Witt verschwunden war. Es gibt eine Grenze der Selbstlosigkeit; ja, welchen Platz hat Mitleid, wenn öffentliche Pflicht und Privatinteresse sich in der Forderung nach gerechter Strenge vereinen?

KAPITEL XIV.
NEAERAS LETZTE KARTE.

NEAERA WITT hatte noch eine letzte Karte zu spielen. Ach, wie groß ist der Einsatz und wie gering ist die Chance! Trotzdem würde sie es spielen. Wenn es scheiterte, würde sie die Demütigung nur noch ein bisschen tiefer trinken und noch ein bisschen verächtlicher mit Füßen getreten werden. Was spielte das für eine Rolle?

„Du wirst eine Frau nicht ungehört verurteilen", schrieb sie mit einem Hauch von Melodram. „Ich erwarte Sie am Sonntagabend um neun hier. Man kann nicht so hart sein, nicht zu kommen."

George hatte geschrieben, dass er kommen würde, aber dass seine Entschlossenheit unveränderlich sei. „Ich muss kommen, wie du mich verlangst", sagte er; „Aber es ist nutzlos – schlimmer als nutzlos." Er würde trotzdem kommen.

Bill Sykes lässt sich gerne in einem schwarzen Mantel vorführen, und die schleppende Sal glättet ihre wirren Locken, bevor sie die Anklagebank betritt. Wer kann bezweifeln, dass die Bürger von Calais, die grausam auf ihre Hemden beschränkt waren, ihre feinste Wäsche anzogen, um König Edward und seiner Königin gegenüberzutreten, oder dass die Inquisitoren das Privileg hatten, viele Roben zu sehen, die geboren wurden, um auf einem zu triumphieren, auch wenn es nicht überliefert ist anderes Stadium? Und so schmückte sich Neaera Witt mit subtiler Einfachheit, um George Neston zu begegnen. Ihr eigener, schlecht gezüchteter Geschmack, der sich von volkstümlichen Stichen ernährte, sehnte sich nach schwarzem Samt, der schlicht in anschmiegsamen Falten gearbeitet war; aber sie bildete sich ein, dass das Motiv für ein so *gerissenes* Auge wie das von George zu offensichtlich sein würde , und gab ihr Bild einer zweiten schottischen Königin widerwillig auf. Weiß wäre besser; Weiß konnte sich genauso gut an ihn klammern wie Schwarz und vermischte so sehr Andeutungen von Reue und Unschuld, dass er sicherlich nicht hartherzig genug sein konnte, um den Unterschied zu machen. Ein Blumenstrauß, der dazu bestimmt war, von aufgeregten Händen in Stücke gerissen zu werden – so viel konventionelle Emotion, die sie sich nicht verkneifen konnte – ein tief ausgeschnittenes Kleid und offene Ärmel, die nach hinten rutschten, wenn die weißen Arme aus Mitleid ausgestreckt wurden – all das sollte einen kombinierten Angriff auf Georges höhere Natur und seine niedrigere Natur unternehmen. Neaera dachte, wenn man ihr nur Zeit und Geld gegeben hätte, sich angemessen anzuziehen, hätte sie das Gefängnis von Peckton vielleicht nie von innen gesehen; denn selbst Anwälte sind Menschen, oder, wenn das bestritten wird, sagen wir nicht übermenschlich.

George kam mit der ganzen Unbeholfenheit eines Engländers herein, der eine Szene hasst und sich wegen seiner Unbeholfenheit für einen Narren hält. Neaera bedeutete ihm, sich auf einen Stuhl zu setzen, und sie saßen einen Moment lang schweigend da.

„Sie haben nach mir geschickt, Frau Witt?“

„Ja“, sagte Neaera und blickte ins Feuer. Dann richtete sie ihren Blick plötzlich auf ihn und fügte hinzu: „Es war nur – um Ihnen zu danken.“

„Ich fürchte, du hast wenig genug, wofür du mir danken kannst.“

"Ja; Ihre Freundlichkeit in Liverpool.“

„Oh, es schien der beste Ausweg zu sein. Ich hoffe, Sie verzeihen mir die Freiheit, die ich mir genommen habe?“

„Und für eine frühere Freundlichkeit Ihrerseits.“

"Ich [...] wirklich--"

"Ja ja. Als sie mir das Geld gaben, das du geschickt hast, habe ich geweint. Ich konnte im Gefängnis nicht weinen, aber ich weinte damals. Es war das erste Mal, dass jemand freundlich zu mir war.“

George war verlegen. Er hatte das unbehagliche Gefühl, dass das Gefühl abgedroschen war; Aber andererseits sind viele der traurigsten Dinge auch die Trivialsten.

„Es ist gut von dir“, sagte er und stolperte in seinen Worten, „angesichts all dessen, was ich gegen dich getan habe, daran zu denken.“

„Dann hattest du Mitleid mit mir.“

"Mit meinem ganzen Herzen."

„Wie habe ich das gemacht? Wie habe ich? Ich wünschte, ich wäre verhungert; und habe meinen Vater zuerst verhungern sehen!“

George fragte sich, ob es Essen war, das der verstorbene Mr. Gale so dringend brauchte.

„Aber ich habe es geschafft. Ich war ein Dieb; und einmal ein Dieb, immer ein Dieb.“ Und Neaera lächelte traurig.

„Sie dürfen nicht annehmen“, sagte er wie schon einmal, „dass ich keine Zugeständnisse mache.“

„Zulagen?“ sie weinte und fuhr auf. „Zulagen – immer Zulagen! niemals Mitleid! niemals Gnade! niemals Vergesslichkeit!“

„Du hast nicht um Gnade gebeten“, sagte George.

„Nein, das habe ich nicht. Ich weiß, was du meinst – ich habe gelogen.“

„Ja, Sie haben gelogen, wenn Sie dieses Wort wählen. Sie haben Dokumente entstellt, und als die Wahrheit ans Licht kam, nannten Sie es Verleumdung.“

Neaera war wieder in ihren Sitz zurückgesunken. „Ja“, stöhnte sie. „Ich konnte nicht alles loslassen – ich konnte nicht!“

„Du selbst hast Mitleid unmöglich gemacht.“

„Oh nein, nicht unmöglich! Ich habe ihn so geliebt, und er – er war so vertrauensvoll.“

„Ein Grund mehr, ihn nicht zu täuschen“, sagte George grimmig.

„Was ist es schließlich?“ rief sie und änderte ihren Ton. „Was ist los, sage ich?“

„Nun, wenn Sie mich fragen, Frau Witt, ist das eine unangenehme Bilanz.“

„Eine peinliche Bilanz! Ja, aber für einen verliebten Mann?“

„Das ist Geralds Ausguck. Er kann tun und lassen, was er will.“

„Was, nachdem du mich öffentlich beschämt hast? Und wofür? Weil ich meinen Vater am meisten liebte und meinen – den Mann, der mich liebte – am meisten!“ George schüttelte den Kopf.

„Wenn du verliebt wärst – verliebt, sage ich, in ein Mädchen – ja, wenn du in mich verliebt wärst, würde dich dieses Ding aufhalten?“ Und sie stand stolz und verächtlich vor ihm.

George sah sie an. „Das glaube ich nicht“, sagte er.

„Dann“, fragte sie, indem sie einen Schritt vortrat und ihre gefalteten Hände ausstreckte, „warum für einen anderen mehr verlangen als für sich selbst?“

„Gerald wird zunächst einmal das Oberhaupt der Familie sein –“

"Die Familie?"

"Sicherlich; die Familie Neston.“

"Wer sind Sie? Sind sie berühmt? Ich habe bis vor Kurzem noch nie von ihnen gehört.“

„Ich glaube nicht; wir bewegten uns in ziemlich unterschiedlichen Kreisen.“

„Macht es dir Spaß, brutal zu sein?“

„Mir gefällt nichts, was mit dieser verflixten Angelegenheit zusammenhängt“, sagte George ungeduldig.

„Warum dann nicht aufgeben?“

George schüttelte den Kopf.

„Zu spät“, sagte er.

„Es ist bloßer Egoismus. Du denkst nur daran, was die Leute über dich sagen werden.“

„Ich habe das Recht, darüber nachzudenken.“

„Es ist gemein – gemein und herzlos!“

George stand auf. „Wirklich, es hat keinen Sinn, damit weiterzumachen“, sagte er. Und mit einer leichten Verbeugung wandte er sich der Tür zu.

„Ich habe es nicht so gemeint – ich habe es nicht so gemeint“, rief Neaera. „Aber ich bin verrückt. Ach, hab Mitleid mit mir!“ Und sie warf sich auf den Boden, genau in seinem Weg.

George kam sich sehr absurd vor. Er stand da, seinen Hut in der einen Hand, seinen Stock und seine Handschuhe in der anderen, während Neaera seine Beine unterhalb des Knies umfasste und, wie er fürchtete, dabei war, seine Stiefel mit ihren Tränen zu benetzen.

„Das ist wohl eine Tragödie“, dachte er. „Wie zum Teufel soll ich entkommen?“

„Ich hatte nie eine Chance“, fuhr Neaera fort, „niemals. Ach, es ist schwer! Und als endlich –“ Ihre Stimme erstickte, und zu seinem Entsetzen hörte George sie schluchzen.

Er bewegte nervös seine Füße hin und her, soweit Neaeras eifrige Umklammerung es ihm erlaubte. Wie sehr wünschte er, er wäre nicht gekommen!

"Ich kann es nicht ertragen!" Sie weinte. „Sie werden alle über mich schreiben und mich verspotten; und Gerald wird mich verstoßen. Wo soll ich mich verstecken? – wo soll ich mich verstecken? Was war das für dich?“

Dann schwieg sie, aber George hörte sie unterdrückt weinen. Ihr Griff lockerte sich und sie fiel nach vorne, mit dem Gesicht auf den Boden, vor ihm. Er nutzte seine Chance zur Flucht nicht.

„London ist für mich unbewohnbar, wenn ich tue, was Sie verlangen“, sagte er.

Sie blickte auf, Tränen liefen aus ihren Augen.

„Ah, und die Welt für mich, wenn du es nicht tust!"

George setzte sich in einen Sessel; Er gab die Hoffnung auf, wegzulaufen. Neaera stand auf, strich ihr Haar aus dem Gesicht und richtete ihren Blick eifrig auf ihn. Er schaute für einen Moment nach unten, und sie warf einen hastigen Blick in den Spiegel, dann konzentrierte sie ihren Blick wieder auf ihn, und ein kleines besorgtes Lächeln erschien auf ihren Lippen.

"Du wirst?" fragte sie flüsternd.

George warf gereizt seine Handschuhe auf einen Tisch neben ihm. Neaera trat vor, kniete neben ihm nieder und legte ihre Hand auf seine Schulter.

„Du hast mich so sehr zum Weinen gebracht", sagte sie. „Sehen Sie, meine Augen sind trüb. Du wirst mich nicht mehr zum Weinen bringen?"

George betrachtete die leuchtenden Augen, die halb von Tränen verschleiert waren, und den Mund, der am Rande neuer Tränen zitterte. Und die Augen und der Mund waren sehr gut.

„Es ist Gerald", sagte sie; „Er ist so streng. Und die Schande, die Schande!"

„Du weißt nicht, was es für mich bedeutet."

„Das tue ich tatsächlich: Ich weiß, dass es schwer ist. Aber du bist großzügig. Nein, nein, wende dein Gesicht nicht ab!"

George saß immer noch still da. Neaera nahm seine Hand in ihre.

„Ah, tun Sie es!" Sie sagte.

George lächelte – über sich selbst, nicht über Neaera.

„Nun, weine nicht mehr", sagte er, „sonst werden die Augen sowohl rot als auch trüb."

„Das wirst du, das wirst du?" sie flüsterte eifrig.

Er nickte.

„Ah, du bist gut! Gott segne dich, George, du bist gut!"

"NEIN. Ich bin nur schwach."

Neaera beugte sich schnell vor und küsste seine Hand. „Die Hand, die mir Leben schenkt", sagte sie.

„Unsinn", sagte George ziemlich grob.

„Wirst du mich vollständig freimachen?"

"Oh ja; alles oder nichts,"

„Gibst du mir diesen – diesen Charakter?“

"Ja."

Sie ergriff widerwillig seine Hand und küsste sie erneut.

„Ich habe dein Wort?“

"Du hast."

Sie sprang auf und strahlte plötzlich.

„Ah, George, Cousin George, wie ich dich liebe! Wo ist es?"

George holte das Dokument aus seiner Tasche.

Neaera ergriff es. „Zünde eine Kerze an“, rief sie.

George gehorchte ihr mit einem amüsierten Lächeln.

„Du hältst die Kerze und ich werde sie anzünden!“ Und sie beobachtete die Zeitung mit dem Blick eines fröhlichen Kindes. Dann streckte sie plötzlich ihre Arme aus. „Oh, ich bin müde!“

"Armes Kind!" sagte George. „Du kannst es jetzt mir überlassen.“

„Wie soll ich es dir zurückzahlen? Das kann ich nie.“ Dann sah sie plötzlich die Katze, rannte zu ihm und hob ihn hoch. „Uns ist vergeben, Bob! uns ist vergeben!“ sie weinte und tanzte durch den Raum.

George beobachtete sie amüsiert.

Sie setzte die Katze ab und kam zu ihm. „Siehst du, du hast mich glücklich gemacht. Ist das genug?"

„Es ist etwas“, sagte er.

„Und hier ist noch etwas mehr!“ Und sie warf ihre Arme um seinen Hals und küsste ihn.

„Das ist besser“, sagte George. "Mehr?"

„Nicht, bis wir Cousins sind.“

„Sei sanft in deinem Triumph.“

„Nein, nein; rede nicht so. Werden Sie?"

"Ja. Ich muss gehen und die Dinge in Ordnung bringen.“

"Auf Wiedersehen. Ich – ich hoffe, es wird dir nicht allzu schwer fallen.“

„Ich wurde im Voraus bezahlt.“

Neaera errötete ein wenig.

„Du sollst besser bezahlt werden, wenn ich jemals kann“, sagte sie.

George blieb draußen stehen, um sich eine Zigarette anzuzünden; Dann betrat er den Park und ging langsam weiter, während er meditierte. Als er im Hyde Park Corner ankam, erwachte er aus seinen Träumereien.

„Jetzt war die Frau sehr schön!“ sagte er, als er einen Hansom begrüßte.

Kapitel XV.
Ein Brief an Herrn GERALD.

MRS. POCKLINGTON saß mit leerem Erstaunen im Gesicht und einem Exemplar der zweiten Ausgabe des *Bull's-eye* in der Hand da. Auf der mittleren Seite erschien in weitem Abstand unter einer vornehmen Überschrift ein Brief von George Neston mit folgendem Wortlaut:

„An den Herausgeber des *Bull's-eye* .

" HERR ,

„Da Sie die Güte hatten, sich für das Thema bestimmter Anschuldigungen zu interessieren, die ich in Bezug auf eine Dame erhoben habe, deren Name in Ihren Kolumnen erwähnt wurde, und ich hoffe, dass Sie auch das Glück hatten, Ihre Leser zu interessieren, habe ich die Ehre Ich möchte Ihnen mitteilen, dass solche Anschuldigungen völlig unbegründet waren, das Ergebnis einer zufälligen Ähnlichkeit zwischen dieser Dame und einer anderen Person und meiner eigenen voreiligen Schlussfolgerungen daraus. Ich habe alle meine Behauptungen vollständig und vorbehaltlos zurückgezogen und mich dafür bei denjenigen entschuldigt, die ein Recht auf Entschuldigungen hatten.

Ihr gehorsamer Diener
zu sein, Sir,
„GEORGE NESTON.“

Und dann eine Kolumne voller Jubel, Satire, Spott, Predigten, Gebete, Prophezeiungen, Moralisierungen und was nicht. Die Feder flog mit Flügeln der Freude, und Tinte war an diesem Tag unbedeutend.

Mrs. Pocklington war eine gutherzige Frau; Doch als sie die Rechtfertigung einer Schwester las, fand sie nichts Besseres zu sagen als:

„Wie sehr provozierend!“

Und es könnte sein, dass dieser unverbesserliche Ausruf die öffentliche Stimmung treffend zusammenfasste, wenn die öffentliche Stimmung nur unanständig genug gewesen wäre, sich offen zu zeigen. Ein Mann, der als Narr dargestellt wird, ist ein allzu gewöhnliches Schauspiel; Eine modebewusste Frau bewies, dass ein Dieb ein pikanteres Gericht gewesen wäre. Aber in dieser Welt – und wahrscheinlich auch in jeder anderen – müssen wir nehmen, was wir bekommen können; Und da die Gesellschaft Neaera Witt nicht mit Füßen treten konnte, tröstete sie sich, indem sie den fehlgeleiteten Geist von George Neston korrigierte und züchtigte. Tommy Myles schüttelte seinen leeren kleinen Kopf, und alle anderen leeren Köpfe schüttelten feierlich im Takt. Isabel Bourne sagte, sie wüsste, dass sie recht hatte, und Sidmouth Vane glaubte, da müsse etwas dahinterstecken – das tat er immer, wie es sich für einen Staatsmann im Rohzustand gehörte. Herr Espion wiederholte seine eigenen Führer wie ein Phonograph; und der Vorsitzende der Themis dankte dem Himmel, dass sie diese unangenehme Aufgabe hinter sich gelassen hatten.

Aber Zorn und Wut tobten in der Brust von Laura Pocklington. Sie dachte, George hätte sie zum Narren gehalten. Er hatte sie überredet, auf seine Seite zu treten, und dann die Fahne verraten. In Gath und Askelon würde Freude herrschen; oder, mit anderen Worten, Isabel Bourne und Maud Neston würden sie unerträglich bejubeln.

„Ich werde ihn nie wieder sehen oder mit ihm sprechen, Mama", erklärte Laura leidenschaftlich. „Er hat sich abscheulich verhalten!"

Diese Ankündigung nahm Mrs. Pocklington eher den Wind aus den Segeln. Sie bereitete sich gerade darauf vor, majestätisch mit einem strengen *Ultimatum* auf ihre Tochter herabzudrängen, das besagte, dass George vorerst auf Distanz gehalten werden müsse und die Töchter sich von ihren Müttern leiten lassen müssten. In bestimmten Momenten ist nichts ärgerlicher, als auf Zustimmung zu stoßen, wenn man Unterwerfung erzwingen will.

„Meine Güte, Laura!" sagte Mrs. Pocklington, „Sie können sich nicht viel aus dem Mann machen."

„Kümmere dich um ihn! Ich verabscheue ihn!"

„Meine Liebe, es sah kaum danach aus."

„Du musst mir etwas Selbstachtung gönnen, Mama."

Als Mr. Pocklington eintrat, hörte er diese Worte. "Hallo!" sagte er. "Was ist los?"

„Nun, meine Liebe, Laura erklärt, dass sie George Neston nichts zu sagen haben wird."

„Nun, das ist nur Ihre eigene Meinung, nicht wahr?" Es entstand Stille. „Mir scheint, Sie sind einverstanden."

Es sah wirklich so aus; aber sie standen trotzdem am Rande eines ziemlichen Streits, und Mr. Pocklington wurde in der Meinung bestärkt, die er in letzter Zeit zu hegen begann, dass es in Wahrheit nicht viel gibt, zwischen dem man wählen kann, wenn es um Paradoxien geistiger Prozesse geht Ehefrauen und Töchter.

In der Zwischenzeit verschlang George Neston stetig und unbeirrt seinen bescheidenen Kuchen. Nach einer halben Stunde unterwürfiger Erniedrigung bat er Gerald um Vergebung und erlangte sie auch. Er hörte sich Tommy Myles' ernsten Tadel und Sidmouth Vanes zynisches Geplänkel ohne ein Lächeln oder eine Träne an. Er brachte es sogar fertig, einen Brief voller christlicher Gefühle, den Isabel Bourne zu schreiben bewog, gefügig anzunehmen.

Tatsächlich berührten ihn all diese Dinge im Vergleich zu der großen Frage seiner Beziehungen zu den Pocklingtons kaum. Das musste seiner Meinung nach sofort geklärt werden, und mit seinem weißen Laken noch um ihn herum und seiner Kerze in der Hand ging er zu Mrs. Pocklington, um sie zu besuchen.

Er fand diese Dame in einer Haltung aggressiver Ruhe. Mit sorgfältiger Zurschaustellung reinigte sie die ganze Angelegenheit. Wenn sie sich selbst überlassen bliebe, wäre sie vielleicht geneigt gewesen zu glauben, dass Georges törichte Rücksichtslosigkeit durch seine männliche Zurückhaltung gesühnt worden sei – oder umgekehrt, vielleicht auch nicht. Es spielte kaum eine Rolle, was der Fall gewesen wäre; und wenn es ihn tröstete, konnte er annehmen, dass sie sich der früheren Meinung angeschlossen hätte. Die Entscheidung lag nicht bei ihr. Er soll Laura und Lauras Vater fragen. Sie hatten sich entschieden, und es lag weder in ihrer Zuständigkeit noch in ihrer Macht, zu versuchen, ihre Meinung für sie zu ändern. Tatsächlich übernahm Frau Pocklington die Position, die Herr Spenlow berühmt gemacht hatte — nur hatte sie zwei Partner, während Herr Spenlow nur einen hatte. George hatte die kluge Idee, dass ihre Neutralität eine wohlwollende Einstellung ihm gegenüber verbarg, und dankte ihr herzlich dafür, dass sie sich nicht zu seinen Feinden zählte.

„Ich fühle mich sogar ermutigt", sagte er, „Sie um Rat zu fragen, wie ich Miss Pocklingtons ablehnende Meinung am besten überwinden kann."

„Laura denkt, du hast sie dumm aussehen lassen. Sehen Sie, sie hat Ihre Sache ziemlich herzlich aufgenommen."

"Ich weiß. Sie war äußerst großzügig."

„Du warst so zuversichtlich."

"Ja; Aber eine Kleinigkeit am Ende hat mich aus der Fassung gebracht. Ich hätte es nicht vorhersehen können. Frau Pocklington, glauben Sie, dass sie sehr verstockt sein wird?"

„Oh, ich habe nichts damit zu tun. Frag mich nicht."

„Ich wünschte, ich könnte mich auf Ihren Einfluss verlassen."

„Ich habe keinen Einfluss", erklärte Frau Pocklington. „Sie ist so eigensinnig wie – so entschlossen wie ihr Vater."

George stand auf, um zu gehen. Er war ziemlich entmutigt; Der Preis, den er für den Luxus der Großzügigkeit zahlen musste, schien sehr hoch.

Mrs. Pocklington hatte Mitleid. „George", sagte sie, „ich komme mir wie ein Verräter vor, aber ich werde dir einen kleinen Rat geben."

"Ah!" rief George und sein Gesicht hellte sich auf. „Was ist los, meine liebe Frau Pocklington?"

„Was meinen Mann betrifft, sage ich nichts; aber was Laura betrifft –"

"Ja ja!"

„Lass sie in Ruhe – auf jeden Fall."

„Lass sie in Ruhe! Aber das bedeutet, es aufzugeben."

„Rufen Sie nicht an, schreiben Sie nicht, sprechen Sie nicht von ihr. Da habe ich getan, was ich nicht tun sollte; aber du bist ein alter Freund von mir, George."

„Aber ich sage, Mrs. Pocklington, wird nicht ein anderer Kerl die Chance ergreifen?"

„Wenn sie dich am liebsten mag, was macht das dann schon? Wenn sie es nicht tut –" Und Mrs. Pocklington zuckte mit den Schultern.

George war von dieser Logik überzeugt. „Ich werde es versuchen", sagte er.

"Versuchen?"

„Ja, versuche sie in Ruhe zu lassen. Aber es ist schwierig."

"Zeug und Unsinn. Laura ist nicht unverzichtbar."

„Ich weiß, das sind nicht deine wahren Ansichten."

„Du bist nicht ihre Mutter; Dafür könnt ihr dem Himmel danken."

„Das tue ich", sagte George und verabschiedete sich ziemlich getröstet. Er wäre noch fröhlicher gewesen, wenn er gewusst hätte, dass Lauras Tür angelehnt war und Laura auf das Knallen der Flurtür lauschte. Als sie es hörte, ging sie zu ihrer Mutter hinunter.

„Wer war dein Besucher, Mama?"

„Oh, George Neston.“

„Wie ist *er* entstanden?“

„Nun, meine Liebe, um mich zu sehen, nehme ich an.“

„Und was hat er für sich selbst gesagt?“

„Oh, wir haben kaum über diese Angelegenheit gesprochen. Allerdings scheint er in sehr guter Stimmung zu sein.“

„Ich bin sicher, er hat nichts damit zu tun.“

„Vielleicht nicht, meine Liebe; aber er war."

„Ich wusste nicht, dass es Mr. Neston war. Ich bin so froh, dass ich nicht heruntergekommen bin.“

Mrs. Pocklington strickte weiter.

„Ich gehe davon aus, dass er wusste, warum.“

Mrs. Pocklington zählte drei Perlen und drei schlichte.

„Hat er etwas dazu gesagt, Mama?“

"Eins zwei drei. Worüber, Liebes?“

„Warum, wegen – weil ich nicht komme?“

"NEIN. Ich nehme an, er dachte, du wärst raus.“

„Hast du ihm das gesagt?“

„Er hat nicht gefragt, meine Liebe. Er hat andere Dinge zu bedenken, als auf junge Frauen zu achten.“

„Es ist großes Glück, dass er das hat“, sagte Laura hochmütig.

„Meine Liebe, er lässt dich in Ruhe. Warum kannst du ihn nicht in Ruhe lassen?“

Laura nahm ein Buch zur Hand und Mrs. Pocklington zählte in einem flotten und fröhlichen Ton ihre Stiche.

Man sieht, dass George in Mrs. Pocklington eine gute Freundin hatte. In Wahrheit brauchte er ein freundliches Gesicht, denn die Gesellschaft im Großen und Ganzen war angesichts des Lobes auf Neaera und Gerald verrückt geworden. Sie waren in Mode. Jeder versuchte, mit ihnen zu reden; alle kamen zur Hochzeit; Alle schwärmten von Neaeras süßer Geduld und Geralds unerschütterlichem Glauben. Als Neaera ihren Geliebten in ihrer Victoria durch den Park fuhr, war ihre Reise ein triumphaler Fortschritt; und nur die Last der Vorbereitungen für die Hochzeit verhinderte, dass das Paar bei jeder erlesenen Versammlung Ehrengäste war. Gerald ging auf Sendung. Seine offenen Hoffnungen wurden wahr, seine geheimen Ängste wurden beseitigt; während Neaeras übertriebene Entschuldigungen für George in seinen Augen nichts als die überaus süße Art ihres Gemüts verrieten. Ihre absolute Unschuld erklärte und rechtfertigte ihre völlige Abwesenheit von Groll und musste, wie Gerald meinte, Georges Reue und Scham noch einmal verstärken. Gerald hielt es nicht für seine Pflicht, diese Schmerzen zu lindern.

Der Donnerstag kam und der Montag war der Hochzeitstag. Die Atmosphäre war voller neuer Kleidung, Einladungskarten, Geschenken und Glückwünschen. Es stellte sich die heikle Frage, ob George eingeladen werden sollte. Neaeras Entscheidung fiel zu seinen Gunsten aus, und Gerald selbst hatte die Notiz geschrieben, in der Hoffnung, dass der gesunde Menschenverstand seines Cousins ihn davon abhalten würde.

„Es wäre kaum anständig, wenn er kommen würde", sagte er zu seinem Vater.

„Ich gehe davon aus, dass er irgendeine Ausrede finden wird", antwortete Lord Tottlebury. „Aber ich hoffe, dass Sie den Streit nicht weiterführen."

„Macht weiter mit dem Streit! Bei Gott, Vater, ich bin zu glücklich, um zu streiten."

„Gerald", sagte Maud Neston, als sie eintrat, „hier ist so ein lustiger Brief für dich! Ich frage mich, ob es jemals angekommen ist."

Sie hielt mir einen schmutzigen Umschlag hin und las die Adresse …

„ Mr. Nesston, Esq. ,
„ Seine Lordschaft Tottilberry ",
„ London. "

„Wer in aller Welt ist das?" fragte Maud lachend.

Gerald hatte keine Geheimnisse.

„Ich weiß es nicht", sagte er. „Gib es mir und wir werden sehen." Er öffnete den Brief. Das erste, was er fand, war ein ordentlich gefaltetes Stück Seidenpapier. Als er es öffnete, stellte er fest, dass es sich um einen Zehn-Pfund-Schein handelte. „Hallo! Ist das ein Hochzeitsgeschenk?" sagte er lachend.

"Zehn Pfund! Wie lustig!" rief Maud. „Gibt es keinen Brief?"

„Ja, hier ist ein Brief!" Und Gerald las es sich selbst vor.

Der Brief lautete wie folgt, abgesehen von gewissen Schreibfehlern, die nicht wiedergegeben zu werden brauchen:

" HERR ,

„Ich weiß nicht genau, ob das hier Ihr Geld ist oder das von Nery. Ich weiß auch nicht, *woher es kommt*, nach dem, was Sie gesagt haben, als Sie am Freitag mit ihr hier waren. Ich kann für meinen Lebensunterhalt arbeiten, dank Ihm, dem Dank gebührt, und ich stecke kein Geld in meine Tasche, weil ich nicht weiß, aus wessen Tasche es kommt.

„Eure bescheidene Dienerin,
„SUSAN BORT.“

„Susan Bort!“ rief Gerald aus. „Wer zum Teufel ist nun Susan Bort und was zum Teufel meint sie?“

„Es sei denn, Sie sagen uns, was sie sagt –“, begann Lord Tottlebury.

Gerald las den Brief noch einmal, mit einem wachsenden Gefühl des Unbehagens. Er bemerkte, dass der Poststempel Liverpool war. Es war ein Zufall, dass er seit mehr als einem Jahr nicht mehr in Liverpool war. Und wer war Susan Bort?

Er stand auf, entschuldigte sich dafür, dass er seinen Brief nicht vorgelesen hatte, und ging in sein Zimmer, um über die Angelegenheit nachzudenken.

„„Nery?““, sagte er. „Und wenn ich nicht da wäre, wer dann?“

Es war großzügig von George Neston, Neaera in Liverpool zu schützen. Es war auch großzügig von Neaera, Frau Bort sofort zehn Pfund zu schicken, nachdem diese Dame sie so grausam behandelt hatte. Es war ehrlich von Frau Bort, sich zu weigern, Geld anzunehmen, von dem sie glaubte, es könnte sich um einen Einbruchserlös handeln. Diesen lobenswerten Taten verdankte Gerald die Kommunikation, die sein Glück störte.

„Ich frage mich, ob Neaera Licht ins Dunkel bringen kann“, sagte Gerald. „Es ist sehr seltsam. Nach dem Mittagessen werde ich sie besuchen.“

Kapitel XVI.
ES GIBT EINE EXPLOSION.

MR. BLODWELL empfing Lord Mapledurham beim Mittagessen im Themis Club. Der Marquis war nicht in angenehmer Stimmung. Er war krank, und wenn er krank war, neigte er dazu, verärgert zu sein. Die ruhige Zufriedenheit seines Gastgebers über die Neston-Affäre irritierte ihn.

„Wirklich, Blodwell", sagte er, „ich denke manchmal, dass die Perücke eines Anwalts wie Samsons Haare ist." Wenn er es abnimmt, raubt er damit seinen ganzen Verstand. Ihre Einfachheit ist geradezu kindisch."

Mr. Blodwell gurgelte zufrieden über einer Schüssel Suppe.

„Ich denke, es ist nichts Schlimmes, wenn ich nicht dafür bezahlt werde", sagte er und wischte sich den Mund ab. „George stellte fest, dass er falsch lag, und sagte es."

„Ich habe das Mädchen gestern im Park gesehen", bemerkte der Marquis. „Sie ist ein hübsches Mädchen."

"Ungewöhnlich. Aber mir ist nicht bewusst, dass Schönheit ein Mädchen zu einer Diebin macht."

„Nein, aber es macht einen Mann zum Narren."

„Mein lieber Mapledurham!"

„Hat er Ihnen jemals erzählt, was er in Liverpool herausgefunden hat?"

„Ist er nach Liverpool gegangen?"

"Ging er? Gott segne den Mann! Natürlich ist er hingegangen, um zu suchen …"

Lord Mapledurham blieb stehen, um zu sehen, wer einen Schatten auf seinen Teller warf.

"Kann ich dich begleiten?" fragte Sidmouth Vane, der dachte, er würde ein Privileg verleihen. „Mich interessiert, was Sie besprechen."

„Oh, du bist es, oder? Hast du zugehört?"

„Nein, aber alle diskutieren darüber. Nun, ich stimme Ihnen zu, Lord Mapledurham. Es ist ein Job, den man sich leisten kann."

„Ich gehe davon aus, dass du dachtest, es sei ein Job, als sie dich tauften, nicht wahr?" fragte der Marquis.

„Und hast in deiner Flasche nach Gift gesucht?" fügte Blodwell hinzu.

Vane wedelte sanft mit der Hand, als wollte er diese ungeschickten Sarkasmen zerstreuen. „Ein Mann darf nicht sechzig sein und trotzdem kein Esel sein", bemerkte er träge. „Kellner, etwas Lachs und ein Pint 44."

„Und vielleicht sechzig und doch ein Esel, was?" sagte der Marquis lachend.

„Unter uns, warum glaubst du, dass er sie freigelassen hat?" fragte Vane.

Der Marquis schob seinen Stuhl zurück. „Mein junger Freund, du bist zu weise. Es wird dir etwas passieren."

"Hallo!" rief Vane, „hier ist Gerald Neston."

Gerald kam hastig auf Mr. Blodwell zu. „Weißt du, wo George ist?" er hat gefragt.

„Ich glaube, er ist irgendwo im Club", antwortete Mr. Blodwell.

„Nein, ist er nicht. Ich möchte ihn geschäftlich sehen."

Lord Mapledurham erhob sich. „Ich kenne Ihren Vater, Mr. Neston", sagte er. „Sie müssen mir erlauben, Ihnen die Hand zu schütteln und Ihnen zu Ihrer bevorstehenden Hochzeit zu gratulieren."

Gerald nahm seine Glückwünsche mit abwesender Miene entgegen. „Ich muss George suchen", sagte er und ging hinaus.

"Dort!" sagte Vane triumphierend. „Sehen Sie denn nicht, dass jetzt etwas los ist?"

Die älteren Männer versuchten, ihn zu brüskieren, aber sie warfen einander einen Blick zu und gaben schweigend zu, dass es so aussah, als hätte er recht.

Mrs. Borts Brief hatte alle Zweifel, die Gerald Neston zu unterdrücken versucht hatte, zum Leben erweckt, und es war ihm schließlich gelungen, sie zum Schweigen zu bringen. Das Dokument hatte einen düsteren, geheimnisvollen Ton, der seinen Verdacht weckte. Entweder gab es eine neue und skrupellosere Verschwörung gegen seine Braut, oder – Gerald beendete seinen Gedankengang nicht, sondern beschloss, Neaera sofort zu sehen, da George nicht ohne eine Reise zum Tempel gefunden werden konnte, und Eine Reise zum Tempel war doppelt so weit wie eine Reise zu den Albert Mansions. Hätte Gerald jedoch gewusst, was im Tempel geschah, wäre er zuerst dorthin gegangen; denn in diesem Moment saß George in Georges Gemächern auf seinem Stuhl und starrte ausdruckslos auf Neaera Witt, die ruhelos auf und ab ging.

„Du hast ihr zehn Pfund geschickt?" Er hat tief eingeatmet.

„Ja, ja“, sagte Neaera. „Ich kann die Kreatur nicht verhungern lassen.“

„Aber warum in aller Welt hat sie es an Gerald zurückgeschickt?“

„Oh, kannst du das nicht sehen? Du hast gesagt, du wärst Gerald; Zumindest kam es dazu.“

„Und sie wollte es mir schicken?“

„Ja, aber ich hatte ihr gesagt, dass mein Mr. Neston Lord Tottleburys Sohn sei; Ich vermute also, dass der Brief an Gerald gegangen ist. Das muss es sein, wenn Sie es nicht haben.“

„Aber warum sollte sie es einem von uns schicken?“

„Oh, weil ich gesagt habe, dass ich es mit Mr. Nestons Zustimmung geschickt habe.“

„Das stimmte nicht.“

"Natürlich nicht. Aber es klang besser.“

„Ah, es ist eine gefährliche Arbeit.“

„Ich hätte es nie getan, wenn ich das vorhergesehen hätte.“

George wusste, dass dies Neaeras außerordentliche Leistung in Sachen Buße darstellte, und stellte die Frage nicht weiter.

„Was für eine elende Frau diese Frau ist“, fuhr Neaera fort. „Oh, was ist zu tun? Gerald wird Sie bestimmt um eine Erklärung bitten.“

„Gut möglich, sollte ich meinen.“

„Nun, dann bin ich verloren.“

„Du solltest ihm besser alles darüber erzählen.“

„Ich kann nicht; Tatsächlich kann ich nicht. Das wirst du nicht, oder? Oh, du wirst mir beistehen?“

„Ich weiß nicht, was Frau Bort gesagt hat, und so –“

Er wurde durch ein Klopfen an der Tür unterbrochen. George stand auf und öffnete es. „Was ist los, Timms?“

"Herr. Gerald, Sir, möchte Sie in einer wichtigen Angelegenheit sehen.“

„Ist er in seinem Zimmer?“

"Jawohl. Ich habe ihm gesagt, dass du verlobt bist.“

„Sie haben ihm nicht gesagt, dass Frau Witt hier ist?"

"Nein Sir."

„Sagen Sie, dass ich in ein paar Minuten bei ihm sein werde."

George schloss die Tür und sagte: „Gerald ist hier und möchte mich sehen."

„Gerald! Dann hat er den Brief bekommen!"

„Was haben Sie vor, Frau Witt?"

"Wie kann ich sagen? Ich weiß nicht, was sie gesagt hat. Sie sagte mir nur, dass sie das Geld zurückgeschickt hatte und warum."

„Wenn sie ihm sagen würde, warum –"

„Ich bin ruiniert", sagte Neaera und rang die Hände.

George stand mit dem Rücken zum Kamin und betrachtete sie kritisch. Nach einer kurzen Pause sagte er lächelnd:

„Ich wusste alles – und du warst nicht ruiniert."

„Ah, du bist so gut!"

„Unsinn", sagte George mit einem breiteren Lächeln.

Neaera sah zu ihm auf und lächelte ebenfalls.

„Könnten Sie es nicht riskieren? Natürlich ist die Wahrheit gefährlich, aber er hat dich sehr gern."

„Willst du mir nicht helfen?"

Aus dem Nebenzimmer waren schwere Schritte und das Geräusch ungeduldigen Möbelschiebens zu hören.

„Gerald hat das Warten satt", sagte George.

„Wirst du nichts tun?" fragte Neaera noch einmal und unterdrückte kaum ein Schluchzen.

„Angenommen, ich wäre bereit zu lügen, wo ist dann eine mögliche Lüge? Wie kann ich es erklären?"

Timms klopfte und trat ein. Gerald bat um ein einminütiges Interview wegen dringender Angelegenheiten.

„Gleich", sagte George. Dann wandte er sich an Neaera und fügte schroff hinzu: „Kommen Sie, Sie müssen entscheiden, Frau Witt."

Neaera war nicht mehr in der Lage, etwas zu entscheiden. Tränen waren ihre Zuflucht in schwierigen Zeiten, und sie weinte malerisch – denn sie besaß diese seltene Gabe – in dem alten Ledersessel.

„Wirst du es mir überlassen?" fragte George. „Ich werde mein Bestes geben."

Neaera schluchzte und meinte, George sei ihr einziger Freund.

„Ich werde ihm alles erzählen", sagte George. „Erlauben Sie mir, das zu tun?"

„Oh, wie elend ich bin! – oh ja, ja."

„Dann hör auf zu weinen und versuche, gut auszusehen."

"Warum?"

„Weil ich ihn hereinbringen werde."

"Oh!" rief Neaera bestürzt. Aber als George ausging, machte sie ihr Haar etwas rauer – denn so paradoxerweise machen sich Damen die Aufgabe, ihr Aussehen zu ordnen – und salbte ihre Augen mit dem Inhalt einer geheimnisvollen Phiole, die aus einer geheimen Tasche hervorgeholt wurde. Dann setzte sie sich aufrecht hin und lauschte angestrengt, um Geräusche aus dem Nebenzimmer wahrzunehmen, wo über ihr Schicksal entschieden wurde. Sie konnte erkennen, welcher der beiden Männer sprach, nicht jedoch die Worte. Erst Gerald, dann George, dann wieder Gerald. Als nächstes redete George ganze fünf Minuten lang in leisem, aber scheinbar eindringlichem Ton. Dann ertönte plötzlich ein Schrei von Gerald.

"Hier!" er weinte. "In deinem Zimmer!"

Sie waren aufgestanden und gingen umher. Neaeras Herz schlug, obwohl sie wie eine Statue still da saß. Die Tür wurde aufgerissen, und sie erhob sich, um Gerald entgegenzutreten, als er eilig eintrat. George folgte ihm mit einer Mischung aus Wut und Ratlosigkeit im Gesicht. Gerald warf ein Stück Papier nach Neaera; Es war Mrs. Borts Brief, und als er ihr zu Füßen fiel, sank sie mit einem bitteren kleinen Schrei wieder in ihren Stuhl zurück. Das Schlimmste war passiert.

„Gott sei Dank für eine ehrliche Frau!" rief Gerald.

„Gerald!" sie murmelte und streckte ihre Hände nach ihm aus.

„Ah, das kannst du ihm antun!" antwortete er und zeigte auf George.

„Ich – ich habe dich geliebt", sagte sie.

„Er wird dir vielleicht glauben – oder dir bei deinen Lügen helfen. Ich bin mit dir fertig."

Er fuhr sich mit der Hand über die Stirn und fuhr fort. „Ich war leicht zu täuschen, nicht wahr? Nur ein wenig Schmeichelei und Streicheln – nur ein oder zwei Küsse – und ein oder zwei Lügen! Ich habe alles geglaubt. Und du", fügte er hinzu und wandte sich an George, „du hast sie verschont, du hast Mitleid mit ihr gehabt, du hast dich selbst geopfert." Ein schönes Opfer!"

George steckte die Hände in die Taschen und zuckte mit den Schultern.

„Ich sollte nicht vor Frau Witt gehen", bemerkte er.

„Nicht weiter! Nein, nein. Sie ist so rein, so unschuldig, nicht wahr? Lohnt es sich, Opfer zu bringen?"

„Was meinst du, Gerald?" sagte Neaera.

„Du weißt es nicht?" fragte er höhnisch. „Was verlangt ein Mann für das, was er getan hat? und was wird eine Frau geben? Wird geben? Hat gegeben?"

"Halt den Mund!" sagte George und legte eine Hand auf seine Schulter.

Neaera saß still da und blickte ihren Geliebten mit offenen Augen an: nur ein leichtes Schaudern überkam sie.

„Du hast mich netterweise reingelegt", fuhr Gerald fort, „mich und die ganze Welt. Nichts Wahres daran! Ein Irrtum! – alles ein Irrtum! Er hat es herausgefunden – sein Irrtum!" Seine Stimme steigerte sich fast zu einem Schrei und endete in einem bitteren Lachen.

„Sie müssen kein Tier sein", sagte George kalt.

Gerald sah ihn an, dann Neaera, und stieß ein weiteres höhnisches Lachen aus. George war jetzt dicht bei ihm und schien jede Bewegung seiner Lippen zu beobachten. Neaera erhob sich von ihrem Stuhl und warf sich dem wütenden Mann vor die Füße.

„Ach, Gerald, mein Liebling, hab Mitleid!", jammerte sie.

„Mitleid!", wiederholte er und wich zurück, so dass sie vor ihm auf ihr Gesicht fiel. „Mitleid! Ich könnte einen Dieb bemitleiden, ich könnte einen Lügner bemitleiden, aber ich habe kein Mitleid mit einem –"

Der Satz blieb unvollendet, denn mit einer plötzlichen Bewegung näherte sich George ihm und warf ihn durch die offene Tür aus dem Zimmer.

„Beenden Sie Ihre Schmählichkeit draußen!" sagte er, während er die Tür schloss und den Schlüssel umdrehte.

Kapitel XVII.
LAURA UNTERSCHIEDLICH.

IRA brevis furor , sagt der Moralist; und das Adjektiv ist der einzige Teil der Säge, der Ausnahmen zulässt. Gerald Nestons Zorn brannte heftig, aber er brannte auch stetig, und das Nachdenken brachte nichts als eine stärkere Überzeugung seiner Fehler mit sich. Für George schien die Interpretation, die sein Cousin über sein Vorgehen beim Schutz von Neaera gab, ein Beweis für jenen ungewöhnlichen Grad an Verdrehtheit zu sein, der kaum von Unmoral zu unterscheiden ist. Doch in den Tiefen von Georges Herzen lauerte das Wissen, dass Frau Witt, schlicht, alt, unattraktiv, durch seine Hände möglicherweise kaum Gnade geerntet hätte; und Gerald glaubte, wenn er nicht alles glaubte, was er brutal angedeutet hatte, doch so viel davon, dass er George für einen Verräter und Neaera für einen Intriganten hielt. Welcher vernünftige Mann hätte so handeln können wie George, wenn er nicht von einer Frau fasziniert gewesen wäre? Die Eifersucht tat ihr Übriges, denn Neaera selbst hatte das Vertrauen ihres Geliebten in sie geschwächt, und er zweifelte nicht daran, dass sie, die ihn in allem anderen getäuscht hatte, nicht gezögert hatte, den letzten Betrug an ihm zu begehen. Sie und George waren Verbündete. Muss jemand fragen, wie es dazu kam oder wie die Bedingungen der Allianz lauteten?

Es war kaum verwunderlich, dass diese Theorie, so seltsam sie auch schien, einen Platz in Geralds verwirrtem Geist finden oder dass sie sich, nachdem sie dies getan hatte, in maßlosen Worten und rücksichtslosem Spott Luft machte. Bemerkenswerter war jedoch, dass die Meinung allgemeine Zustimmung fand. Es gefiel den Zynikern, denn es erklärte, was wie eine großzügige Aktion erschien; es gefiel den Klatschern, denn es führte in die Neston-Affäre das für Klatsch und Tratsch angenehmste Thema ein; es gefiel dem „unco guid", denn es verdeutlichte die Moral der Allgegenwärtigkeit der Sünde; es gefiel Männern als Geschlecht, weil es Georges Verhalten natürlich und erklärbar machte; Es gefiel den Frauen als Geschlecht, weil es die Meinung bestätigte, die sie immer von schönen, geheimnisvollen Witwen im Allgemeinen und von Neaera Witt im Besonderen vertreten hatten. Und inmitten dieses Refrains ging die Stimme der Barmherzigkeit, die Indiskretion zugab, aber ihre Großzügigkeit betonte, verloren und wurde verstummt, und Georges kleine Gruppe von Freunden und Gläubigen wurde als blinde Parteigänger und infolgedessen fast als Komplizen bezeichnet.

Zum Glück für George befanden sich unter seinen Freunden Männer, denen öffentliche Verurteilung wenig bedeutete. Herr Blodwell erledigte seine Arbeit, aß zu Abend, sagte, was er dachte, und schätzte die Meinung der Gesellschaft sehr, ebenso wie der Herzog von Wellington die Ansichten der französischen Nation einschätzte. Was Lord Mapledurham und Sidmouth

Vane betrifft, so lag ihnen Unbeliebtheit in der Nase; und Vane zögerte nicht, das Vergnügen, in der Minderheit zu sein, durch ein Opfer der Beständigkeit zu erkaufen; Er gab die Theorie auf, die er als einer der Ersten vorgeschlagen hatte, sobald der Vorschlag durch allgemeine Akzeptanz in die Vulgarität überging.

Die drei Männer gaben George Neston ein Abendessen, tranken auf Neaeras Gesundheit und erlaubten sich eine Haltung fast verächtlichen Protests gegen das Urteil der Gesellschaft – ein Urteil, das das *Bull's-eye gewaltsam zum Ausdruck brachte* , als es mit nicht unnatürlicher Wärme erklärte, es sei genug dieser „schmutzigen Angelegenheit". Aber dann hatte das *Bull's-eye* kaum seine gewohnte Scharfsinnigkeit gezeigt, und Mr. Espion erklärte, dass er nicht respektvoll behandelt worden sei. Die Tatsache konnte nicht außer Acht gelassen werden; Georges Partei lehnte die Verpflichtung ab.

Die Menschheit ist so konstruiert, dass die Zustimmung des Mannes weder den Mann befriedigt, noch die der Frau die Frau. Wenn alle Clubs von seinem Lob geschallt hätten, hätte George Neston seinen ersten und eifrigsten Blick immer noch auf Mrs. Pocklington geworfen. So wie es war, dachte er an kaum etwas anderes als daran, welche Sichtweise seines Verhaltens dort den Sieg erringen würde. Ach! er wusste es nur zu früh. Zweimal rief er an, zweimal wurde ihm der Zutritt verweigert. Dann kam eine Nachricht von Mrs. Pocklington – eine unbeantwortbare Nachricht; denn die Dame behauptete nichts und leugnete nichts; Sie verschanzte sich hinter der allgemeinen Meinung. Sie war, wie George wusste, eine einigermaßen unabhängige Person, was ihren eigenen Ruhm betraf; aber was ihre Tochter interessierte, war eine andere Sache; Lauras Verehrer darf nicht im Dunkeln sein; Lauras Zukunft darf nicht gefährdet werden; Lauras Zuneigung darf nur dort ruhen, wo absolute Sicherheit gewährleistet werden kann. Herr Pocklington stimmte seiner Frau voll und ganz zu. Daher musste es ein Ende von allem geben – soweit es den Pocklington-Haushalt betraf, ein Ende von George Neston. Und der arme Georg las das Dekret und stöhnte in seinem Herzen. Dennoch ereigneten sich hinter dieser Tür, die Georges eifrigen Füßen so fest und undurchdringlich verschlossen war, seltsame Ereignisse – Ereignisse, die für Mrs. Pocklington unvorstellbar waren, selbst wenn sie tatsächlich passierten; für ihren Mann beunruhigend, verwerflich, außergewöhnlich, rätselhaft, amüsant, fast in gewisser Weise entzückend. Kurz gesagt, Laura rebellierte. Und auf diese Weise wurde die Unabhängigkeitserklärung verkündet.

Mrs. Pocklington hatte ihrer Tochter mit aller gebotenen und erdenklichen Zartheit die neue Phase der Affäre mitgeteilt. Es schockierte und betrübte sie, auf solche Dinge anzuspielen; Aber Laura war jetzt eine Frau und musste es wissen – und so weiter. Und Laura hörte das alles ohne erkennbaren Schock – nein, mit einer Ruhe, die an Leichtigkeit grenzt; und als ihr gesagt wurde, dass jegliche Kommunikation zwischen ihr und George aufhören müsse, schüttelte sie ihren hübschen Kopf und zog sich in ihr Schlafzimmer zurück, ohne die Entscheidung zu akzeptieren oder dagegen zu protestieren.

Am nächsten Morgen erschien sie nach dem Frühstück, ausgerüstet für einen Spaziergang, mit einem Brief in der Hand. Mrs. Pocklington hatte ihren Haushalt geordnet und sich nun vor dem Mittagessen zu einer gemütlichen Stunde mit einem Roman zusammengesetzt. *Dis aliter visum.*

„Ich gehe raus, Mama", begann Laura, „um diese Nachricht an Mr. Neston zu schicken."

Mrs. Pocklington machte nie einen Fehler in der Namensetikette und ging bei anderen davon aus, dass sie ebenso korrekt sei. Sie stellte sich vor, dass ihre Tochter Gerald erwähnte. „Warum musst du ihm schreiben?" fragte sie und sah auf. „Er ist nichts weiter als ein Bekannter."

"Mama! Er ist ein enger Freund."

„Gerald Neston, ein inniger Freund! Warum--"

„Ich meine Mr. George Neston", sagte Laura mit ruhiger Stimme, aber leicht errötet.

"George!" rief Frau Pocklington aus. „Warum in aller Welt möchten Sie George Neston schreiben? Ich habe alles Notwendige gesagt."

„Ich dachte, ich möchte auch etwas sagen."

„Meine Liebe, ganz bestimmt nicht. Wenn Sie es gewesen wären – wenn tatsächlich etwas vereinbart worden wäre, hätte vielleicht eine Zeile von Ihnen Recht gehabt; Allerdings bezweifle ich es unter den gegebenen Umständen. So wie es aussieht, würde das Schreiben für Sie lediglich dazu dienen, ihm die Chance zu geben, die Bekanntschaft wieder aufzunehmen."

Laura setzte sich nicht hin, sondern blieb an der Tür stehen und tippte mit der Spitze ihres Sonnenschirms auf den Teppich. „Ist die Bekanntschaft geschlossen?" fragte sie nach einer Pause.

„Du erinnerst dich doch sicher an das, was ich gestern gesagt habe? Ich hoffe, es ist nicht nötig, es zu wiederholen."

„Oh nein, Mama; Ich erinnere mich daran." Laura hielt inne, gab dem Teppich noch einmal einen Stoß und fuhr fort: „Ich schreibe nur, um zu sagen, dass ich kein Wort davon glaube."

„Jack's Darling" fiel aus Mrs. Pocklingtons gelähmtem Griff.

„Laura, wie kannst du es wagen? Es genügt dir, dass ich entschieden habe, was zu tun ist."

„Siehst du, Mama, wenn sich alle gegen ihn wenden, möchte ich ihm zeigen, dass er zumindest einen Freund hat, der diese hasserfüllten Geschichten nicht glaubt."

„Ich frage mich, dass du nicht mehr Selbstachtung hast. Wenn man bedenkt, was über ihn und Neaera Witt gesagt wird –"

„Oh, stören Sie Frau Witt!" sagte Laura und lächelte tatsächlich. „Wirklich, Mama, das ist Unsinn; Das ist ihm für Neaera Witt egal!" Und sie versuchte mit den Fingern zu schnippen; Aber zum Glück für Mrs. Pocklingtons Nerven war der Versuch ein Fehlschlag.

„Ich werde nicht mit dir streiten, Laura. Du wirst mir gehorchen, und es hat ein Ende."

„Du hast mir gestern gesagt, dass ich eine Frau bin. Wenn ja, sollte es mir gestattet sein, selbst zu urteilen. Wie auch immer, Sie sollten hören, was ich zu sagen habe."

„Gib mir diesen Brief, Laura."

„Es tut mir sehr leid, Mama; Aber--"

"Gib es mir."

"Sehr gut; Ich werde noch einen schreiben müssen."

„Willst du mich herausfordern, Laura?"

Laura gab keine Antwort.

Mrs. Pocklington öffnete den Brief und las ihn.

„ SEHR GEEHRTER HERR NESTON ", (es lief) –

„Ich möchte, dass Sie wissen, dass ich kein einziges Wort von dem glaube, was sie sagen. Es tut mir sehr leid für die arme Frau Witt, und ich denke, Sie haben *großartig gehandelt*. Ist das nicht bezauberndes Wetter? Morgens im Park zu reiten ist eine wahre Freude.

"Mit freundlichsten Grüßen,

„Mit freundlichen Grüßen,
LAURA F. POCKLINGTON."

Mrs. Pocklington schnappte nach Luft. Die Notiz war kaum besser als eine Hausaufgabe! „Das werde ich deinem Vater zeigen", sagte sie und rauschte aus dem Zimmer.

Laura setzte sich hin und schrieb eine exakte Kopie des beanstandeten Dokuments, adressierte es, stempelte es ab und steckte es in ihre Tasche. Dann nahm sie sich mit auffälliger Ruhe „Jack's Darling" vor und schien darin zu versinken.

Es fiel Frau Pocklington schwer, ihrem Mann die Situation klarzumachen; tatsächlich hatte sie es selbst kaum geschafft. Jeder redet heutzutage von Vererbung: Die Pocklingtons, beide Menschen mit entschlossenem Willen, hatten die Gelegenheit, ihre Wirkungsweise an ihrer eigenen Tochter zu studieren. Das Ergebnis war heftige Wut bei Mrs. Pocklington, eine Mischung aus Wut und Bewunderung bei ihrem Mann und Ratlosigkeit bei beiden. Lauras Position war einfach und klar definiert. Sie gab zu, dass sie durch Zwang und Inhaftierung daran gehindert werden könne, ihren Brief zu versenden und eine Antwort zu erhalten, aber auf keine andere Weise. Appelle an die Pflicht wurden mit Appellen an die Gerechtigkeit beantwortet; Sie parierte Flehen durch Gegenflehen, Vorwürfe durch Respektsbeteuerungen, Befehle durch Schweigen. Was war zu tun? Laura war zu alt und die Welt war zu alt für gewalttätige Heilmittel. Das Abfangen der Korrespondenz bedeutete eine Offenlegung gegenüber dem Haushalt. Der Aufstand war entsetzlich, absurd, unnatürlich; aber es war auch, wie Herr Pocklington zugab, „höllisch peinlich". Laura erkannte, dass diese Unbeholfenheit ihre Stärke war, und nachdem sie vergeblich zu körperlicher Zurückhaltung aufgefordert hatte, ging sie in Ermangelung dessen hinaus und gab ihren Brief auf die Post.

Dann handelte Mrs. Pocklington. Plötzlich löste sie für die Saison ihr Lokal auf und nahm ihre Tochter mit. Sie gab außer ihrem Mann keine Adresse an. Laura durfte nicht erfahren, wohin sie gebracht wurde. Sie wurde, wie sie bitter sagte, von der Kontinentalpost „weggejagt" und alle Kommunikationsverbindungen unterbrochen. Doch gerade als der Brougham losfuhr, als die letzte Kiste angestellt war und Mr. Pocklington, nachdem er sein letztes Wort der Ermahnung gesprochen hatte, von der Treppe aus zum Abschied winkte, sprang Laura heraus, überquerte die Straße und ließ einen Zettel fallen in einen Säulenkasten.

„Es geht nur darum", bemerkte sie und nahm ihren Platz wieder ein, „um Mr. Neston zu sagen, dass ich ihm derzeit keine Adresse geben kann."

Was, fragte Mrs. Pocklington in ihrer unruhigen Seele, hättest du mit so einem Mädchen anfangen sollen?

Kapitel XVIII.
GEORGE FÄHRT FAST NACH BRIGHTON.

EINES Abends, etwa eine Woche nach dem, was Mr. Espion den letzten *Esclandre nannte* , erschien Tommy Myles im Raucherzimmer der Themis. Wichtigere Dinge haben die Aufzeichnungen über Tommys Ehe und seine glückseligen Flitterwochen verdrängt, und als er zurückkam, stellte er fest, dass eine nachlässige Welt seine Abwesenheit kaum bemerkt hatte.

"Wie geht es dir?" sagte er zu Sidmouth Vane.

"Wie geht es dir?" sagte Vane und hob für einen Moment den Blick von *Punch* .

Tommy setzte sich neben ihn. „Ich sage“, bemerkte er, „dieses Neston-Geschäft ist ziemlich ordentlich.“ Wir haben in der Schweiz davon gelesen.“

„Warst du weg?“

„Natürlich habe ich das – nach meiner Hochzeit, wissen Sie.“

"Ah! *Punch* gesehen ?“ Und Vane reichte es ihm.

„Ich hatte eine ziemlich genaue Vorstellung davon, wie das Land lag. Bella auch.“

„Bella?“

„Warum, meine Frau.“

„Oh, tausend Verzeihung. Ich dachte, Sie würden lieber Frau Witt unterstützen.“

„Mein lieber Freund, wir wollten, dass sie Fairplay hat. Ich nehme an, von einer Heirat ist jetzt keine Rede mehr?“

"Ich vermute nicht."

„Was wird die schöne Frau Witt tun?“

Vane wollte in Ruhe gelassen werden und Tommy machte ihm Sorgen. Er wandte sich mit ziemlicher Wildheit gegen den kleinen Herrn. „Mein lieber Tommy“, sagte er, „du hast sie durch dick und dünn unterstützt und George beschimpft, weil er sie angegriffen hat.“

"Ja aber--"

„Nun, wer auch immer Recht hatte, du hattest nicht recht, also solltest du nicht besser nichts mehr dazu sagen?“ Und Mr. Vane stand auf und ging weg.

Tatsächlich war er nachdenklich. Was würde Frau Witt als nächstes tun? Und was würde George Neston tun? Vane wusste von Fällen, in denen die Anschuldigung auf das Verbrechen hindeutete; Es schien nicht unwahrscheinlich, dass George, wenn er die Schmähungen ertragen musste, die mit einer Verbindung zu Mrs. Witt verbunden waren, es für gut erachten würde, davon zu profitieren. Er hatte vielleicht noch nicht versucht, ihre Gunst zu gewinnen, aber es war durchaus möglich, dass er es jetzt tun würde. Wenn er es nicht täte, dann würde es jemand tun. Und Mr. Vane überlegte, dass es sich für ihn vielleicht lohnen würde, der Mann zu sein. Seine großen Verwandten würden vor Entsetzen laut aufschreien; Die Gesellschaft wäre schockiert. Aber ein Mann wird für eine hübsche Frau und fünftausend im Jahr schon etwas ertragen. Aber was hatte George Neston vor?

Es zeigt sich, dass Sidmouth Vane Laura Pocklingtons Überzeugung, dass George sich nichts aus Mrs. Witt machte, nicht teilte. Natürlich hatte er nicht Lauras Gründe, und vielleicht muss ein gewisser Unterschied zwischen der männlichen und der weiblichen Sichtweise auf solche Dinge berücksichtigt werden. Zufälligerweise hatte Vane jedoch Recht – für einen Moment. Nachdem George zum zweiten Mal von Mrs. Pocklingtons Türen zurückgewiesen worden war, da er die Unterstützung seiner Freunde als unbefriedigend empfand und sich nach der leidenschaftlicheren Zustimmung sehnte, die Frauen geben, ging er am nächsten Tag zu Neaera und drängte sich in den kummerbeladenen Ruhestand ein die sich diese ungerecht behandelte Dame selbst auferlegt hatte. Und Neaeras Kummer und Dankbarkeit, ihre Trauer und ihr Mitgefühl, ihre Freundschaft und Wut waren alle gleich und gleichermaßen erfreulich für ihn.

„Wie gemein das ist!" sie weinte mit blitzenden Augen. „Oh, ich würde lieber sterben, als so eine kleinliche Seele zu haben!"

Gerald war natürlich Gegenstand dieser Einschränkungen, und George gab sich damit zufrieden, ihnen nicht zu widersprechen.

„Offensichtlich", fuhr Neaera fort, „kann er deine Großzügigkeit einfach nicht verstehen." Das ist ihm ein Rätsel!"

„Sie dürfen das, was Sie meine Großzügigkeit nennen, nicht zu hoch einschätzen", sagte George. „Aber was werden Sie tun, Frau Witt?"

Neaera breitete mit einer Geste der Verzweiflung die Hände aus.

"Was soll ich tun? Ich bin – verzweifelt."

„Ich auch. Wir müssen uns gegenseitig trösten."

Diese Rede war indiskret. George erkannte es, als Neaeras antwortender Blick ihn erreichte.

„Das wird sie noch schlimmer reden lassen als je zuvor", sagte sie lächelnd. „Sie sollten nie wieder mit mir sprechen, Mr. Neston."

„Oh, wir sind bis zur Unrettlichkeit verdammt, also können wir uns genauso gut amüsieren."

„Nein, du darfst deine Freunde nicht noch mehr schockieren."

„Ich habe keine Freunde mehr, die ich schockieren könnte", antwortete George bitter.

Neaera flehte ihn an, das nicht zu sagen und die Namen derjenigen zu übergehen, von denen man annehmen sollte, dass sie treu bleiben. George schüttelte bei jedem Namen den Kopf: Als die Pocklingtons erwähnt wurden, schüttelte er heftig und hatte eine düstere Bedeutung.

„Na ja", sagte sie seufzend, „und was wirst du jetzt tun?"

"Oh nichts. Ich denke, einige von uns werden nach Brighton laufen. Ich werde gehen, nur um hier rauszukommen."

„Ist Brighton jetzt schön?"

„Jedenfalls schöner als London."

"Ja. Mr. Neston — —?"

„Ja, Frau Witt? Warum kommst du nicht auch?"

„Auf jeden Fall wärst du – du und deine Freunde – jemand, mit dem man reden kann, nicht wahr?" sagte Neaera, stützte ihr Kinn auf ihre Hand und blickte George an.

„Oh ja, du musst kommen. Wir werden sehr fröhlich sein."

"Wir armen! Aber vielleicht tröstet es uns, unsere Tränen zu vermischen."

"Wirst du kommen?" fragte George.

„Ich werde es dir nicht sagen", sagte sie lachend. „Es muss reiner Zufall sein."

„Eine zufällige Übereinstimmung? Sehr gut. Wir gehen morgen.

„Ich will nicht wissen, wann du gehst."

"NEIN. Aber wir machen."

Neaera lachte erneut und George verabschiedete sich, zufriedener mit der Welt als bei seiner Ankunft. Ein Besuch bei einer hübschen Frau hat oft diese Wirkung; Manchmal, um unser Gemeinwesen zu vervollständigen, ist genau das Gegenteil der Fall.

„Warum sollte ich nicht?" er argumentierte mit sich selbst. „Ich weiß nicht, warum ich die ganze Schuld umsonst tragen sollte. Wenn sie das von mir denken, kann ich es genauso gut tun."

Doch als George seine Unterkunft erreichte, fand er auf dem Tisch neben Mr. Blodwells letztem Brief über die Reise nach Brighton auch Laura Pocklingtons Notiz. Und dann – weg waren Brighton und Neaera Witt und der rücksichtslose Widerstand gegen die öffentliche Meinung und alles andere davon! Und George beschimpfte sich selbst als einen herzlosen, misstrauischen, wertlosen Menschen, der es überhaupt nicht verdiente, einen solchen Brief von einer solchen Dame zu erhalten. Und als am nächsten Morgen der zweite Brief eintraf, schwor er erneut, bei sich selbst wegen seines bewussten Verlassens und bei allen seinen Göttern, dass er einer solchen Gunst würdig sein würde.

„Das Kind ist ein Trumpf", sagte er, „ein normaler Trumpf! Und sie wird sich keine Sorgen machen, wenn sie hört, dass ich mich in der Nachbarschaft von Frau Witt herumtreibe."

Die darauffolgenden glücklichen Gedanken waren angemessen, aber abgedroschen, da sie tatsächlich die eines sehr verliebten Mannes waren. Es ist jedoch erwähnenswert, dass Lauras Weigerung, an das Böse zu denken, ihren Lohn hatte: Denn wenn sie George verdächtigt hätte, hätte sie ihm in diesen Briefen nie ihr Herz gezeigt; und ohne diese Briefe wäre er vielleicht nach Brighton gegangen und – –; wohingegen etwas ganz anderes geschah.

KAPITEL XIX.
Jemand, mit dem man reden kann.

ZU SEIN , obwohl sie für viele ein Ziel von Ehrgeiz ist, hat ihre Nachteile. Ruhm ist sehr angenehm, aber wir möchten nicht, dass jeder im Hotel auf uns zeigt, wenn wir zum Abendessen kommen. Als Neaera nach Brighton ging – denn es ist sicherlich unnötig zu sagen, dass sie die Absicht hatte, dorthin zu gehen, und dies auch tat –, hatte sie das Gefühl, dass der Ruhm, der ihr aufgedrängt worden war, sie von Hotels abhielt, und sie bezog Unterkünfte von äußerst respektabler Art, gegenüber das Meer. Dort wartete sie zwei Tage und verbrachte ihre Zeit damit, dort zu laufen und zu fahren, wo alle Welt läuft und fährt. Von George war nichts zu sehen und Neaera fühlte sich gekränkt. Sie schickte ihm eine Nachricht und wartete noch zwei Tage. Dann hatte sie das Gefühl, dass sie so schlecht wie möglich behandelt wurde – unfreundlich, nachlässig, treulos, respektlos. Er hatte sie gebeten zu kommen; Die Einladung war so deutlich wie nur möglich: Ohne ein Wort wurde sie umgeworfen! Voller Empörung sagte sie ihrer Magd, sie solle packen, und machte sich in der Zwischenzeit auf den Weg, um zu sehen, ob die Wellen ihrer traditionellen Aufgabe nachkommen würden, einen verwundeten Geist zu beruhigen. Die Aufgabe war schwierig; Denn was auch immer Neaera Witt erlitten hatte, die Vernachlässigung durch Menschenhand war ein Kummer, den ihr das Glück bisher erspart hatte.

Sie verließ die überfüllte Parade und schlenderte am Ufer entlang. Dann setzte sie sich in den Schatten eines Bootes und überblickte das Wasser und die Zukunft. Sie fühlte sich sehr einsam. George schien dazu geneigt zu sein, freundlich zu sein, aber jetzt hatte er sie im Stich gelassen. Sie hatte niemanden, mit dem sie sprechen konnte. Welchen Sinn hatte es, hübsch und reich zu sein? Alles war sehr schwer und sie hatte keinen wirklichen Schaden angerichtet und war ein sehr, sehr elendes Mädchen, und – Im Schatten des Bootes weinte Neaera ein wenig und wählte den Moment, in dem keine Passanten da waren.

Aber einer, der von hinten kam, entging ihrer Wachsamkeit. Er sah den Glanz des goldenen Haares und die schlanke Gestalt und den kleinen, wohlgeformten Kopf, der sich nach vorne neigte, um den behandschuhten Händen zu begegnen; und er kam den Strand hinunter, und als er einen Moment hinter ihr stand, hörte er ein leises, verzweifeltes Gurgeln.

„Ich bitte um Verzeihung", sagte er. "Kann ich helfen?"

Neaera blickte erschrocken auf. Die aufrechte Gestalt, die sich tapfer dem wachsenden Gewicht der Jahre widersetzte, das eisengraue Haar, die

Hakennase und die angenehm scharfen Augen kamen ihr bekannt vor. Bestimmt hatte sie ihn in der Stadt gesehen!

„Warum, es ist Frau Witt!" er sagte. „Wir sind Bekannte oder sollten es sein." Und er streckte seine Hand aus und fügte lächelnd hinzu: „Ich bin Lord Mapledurham."

"Oh!" sagte Neaera.

„Ja", sagte der Marquis. „Jetzt weiß ich alles darüber und es ist eine brennende Schande. Und außerdem ist alles meine Schuld."

"Deine Schuld?" sagte sie überrascht.

„Ich habe George Neston jedoch gewarnt, es sein zu lassen. Aber er ist ein hitzköpfiger Kerl."

„Das hätte ich nie von ihm gedacht."

„Das ist er aber. Schauen Sie sich das an. Er bittet Blodwell, Vane und mich – zumindest hat er mich nicht gefragt, aber Blodwell schon –, hier eine Party zu veranstalten. Sind wir uns einig. Im nächsten Moment – hey, presto! er ist daneben!"

Neaera konnte sich nicht entscheiden, ob Lord Mapledurham diese Erklärung nur gab, um seine eigene Anwesenheit zu erklären, oder auch, um sie zu informieren.

„Tatsache ist", fuhr der Marquis fort, „seine Angelegenheiten sind ziemlich problematisch. Er ist bei den Behörden in Ungnade gefallen, wissen Sie – Mrs. Pocklington."

„Stört er sich an Mrs. Pocklington?"

„Er macht sich Sorgen um Miss Pocklington, und ich vermute –"

"Ja?"

„Dass sie sich um ihn kümmert. Ich traf Pocklington gestern im Club und er erzählte mir, dass seine Leute ins Ausland gegangen seien. Ich sagte, es sei ziemlich plötzlich gekommen, aber Pocklington wurde sehr schroff und sagte: „Überhaupt nicht." Das stimmte natürlich nicht."

„Oh, ich hoffe, sie wird gut zu ihm sein", sagte Neaera. „Schätze, wenn ich die Ursache wäre –"

„Wie ich am Anfang sagte", unterbrach der Marquis, „ich bin die Ursache."

"Du!"

Dann ließ er sich an ihrer Seite nieder und erzählte ihr, dass seine Erinnerung das erste gewesen sei, was George auf die Entdeckungsspur gebracht habe, von der all die Schwierigkeiten herrührten.

„Sie sehen also", schloss er, „Sie müssen all Ihr Leid auf mein Geschwätz zurückführen."

"Wie merkwürdig!" sagte sie verträumt und blickte aufs Meer hinaus.

Der Marquis nickte und seine Augen suchten ihr Gesicht ab.

Dann drehte sie sich plötzlich zu ihm um und sagte: „Ich war sehr jung, wissen Sie, und – ziemlich hungrig."

„Ich bin selbst ein Sünder", antwortete er lächelnd.

„Und – und was ich danach tat, ich –"

„Ich bin gekommen, um mein Geständnis abzulegen, nicht um Ihres anzuhören. Wie soll ich für alles büßen, was ich dir angetan habe? Was soll ich jetzt tun?"

„Ich – ich möchte nur ein paar Freunde und – und jemanden, mit dem ich reden kann", sagte Neaera mit einem verlorenen kleinen Seufzer.

Der Marquis nahm ihre Hand und küsste sie galant. „Wenn das alles ist", sagte er lächelnd, „dann schaffen wir es vielleicht."

„Danke", sagte Neaera und steckte ihr Taschentuch in die Tasche.

"Das ist richtig! Blodwell und Vane sind auch hier und –"

„Ich interessiere mich nicht besonders für sie; Aber--"

„Oh, sie sind alle auf deiner Seite."

"Sind sie? Ich muss nicht mehr von ihnen sehen, als mir lieb ist, oder?"

Der Marquis war weder jung noch unerfahren; aber dennoch war er dieser Schmeichelei nicht gewachsen. „Vielleicht bleiben sie nicht lange", sagte er.

"Und du?" Sie fragte.

Er lächelte sie an und nach einem Moment unschuldiger Ernsthaftigkeit verzogen sich ihre Lippen zu einem Antwortlächeln.

Nachdem der Marquis mit Neaera Tee getrunken und sich überzeugt hatte, dass die Dame nicht vorhatte, sofort zu fliegen, schlenderte er nachdenklich zu seinem Hotel zurück. Er genoss beim Abendessen einen kleinen Triumph über Mr. Blodwell und Sidmouth Vane; aber das befriedigte ihn nicht. Fast zum ersten Mal in seinem Leben verspürte er das Bedürfnis nach einem Berater und Vertrauten: Er hatte Angst, sich lächerlich zu machen. Mr. Blodwell zog sich nach dem Abendessen zurück, um sich mit einigen Papieren herumzuschlagen, die ihn verfolgt hatten, und der Marquis saß eine Zigarre rauchend auf einem Stuhl mit Vane und kämpfte gegen den Drang an, diesem jungen Mann seine Gedanken anzuvertrauen. Vane war friedvoll glücklich: Die entfernten, hypothetischen Beziehungen zwischen ihm und Neaera, wie sie sein geschäftiges, müßiges Gehirn um jede attraktive heiratsfähige Frau herum aufbaute, die er traf, hatten weder die Macht, seine Seele noch seine Verdauung zu stören. Wenn es so herausfallen würde, wäre es gut; aber er war sich bewusst, dass das Objekt ihm keine sehr aktiven Anstrengungen abverlangen würde.

"Frau. Witt hat wohl damit gerechnet, George hier zu finden?" fragte er und schnippte die Asche von seiner Zigarre.

"Ja, ich denke schon."

„Irgendetwas da?"

„Überhaupt nichts, mein Lieber", antwortete der Marquis mit mehr Selbstvertrauen, als er es zwölf Stunden zuvor gezeigt hätte. „Sie weiß, dass er verrückt nach der kleinen Laura Pocklington ist."

„Ich werde sie morgen besuchen", sagte Vane mit seiner üblichen Miene gnädiger Herablassung.

„Sie lebt sehr ruhig", bemerkte der Marquis.

Vane drehte sich lächelnd und fast zwinkernd zu ihm um. "Oho!" er sagte.

„Sei respektvoll gegenüber deinen Älteren, du junger Hund", sagte der Marquis.

„Sie lassen uns Ihre diesbezüglichen Behauptungen vergessen. „Sie müssen ehrwürdiger sein", antwortete Vane.

Nach einem Moment des stillen Rauchens: „Warum heiratest du nicht?" fragte der Marquis. Es ist eine Frage, die oft bedeutet, dass die eigenen Gedanken des Fragestellers in diese Richtung tendieren.

„Ich warte auf diese Erbin." Dann fügte er, vielleicht aus Gutmütigkeit, hinzu: „Wenn es dazu kommt, warum tun Sie es dann nicht?"

„Ich habe keine Angst davor, dass die Leute mich für einen alten Idioten halten."

„Oh, hängt Leute! Außerdem bist du nicht alt.“

"Sechsundfünfzig."

„Das ist heutzutage nichts mehr.“

„Du lachst!“ sagte der Marquis misstrauisch.

„Bei meiner Ehre, nein.“

Auch der Marquis lachte und steckte seine Zigarre wieder in den Mund. Er holte es fast sofort wieder heraus. „Es wäre nicht schlecht, einen Sohn zu haben“, sagte er. „Ich meine einen Erben, wissen Sie.“

„Der erste Schritt ist dann zweifellos eine Frau.“

„Die meisten Frauen sind so langweilig. Trotzdem verstehst du mein Gefühl?“

„Vielleicht an deiner Stelle. Ich persönlich hasse Gören.“

„Ah, du wirst es eines Tages spüren.“

Vane fand das ziemlich unverschämt. „Wann hat es dich angegriffen?“ fragte er mit einem Lächeln.

„Heute Nachmittag“, antwortete der Marquis ernst.

Vanes zynischer Humor wurde durch die *Auflösung*, die dieses Eingeständnis nahelegte, gereizt. „Gott! Ich würde gerne Gerald Nestons Gesicht sehen!“ Er lachte und vergaß in seiner Befriedigung seine eigenen Absichten.

„Natürlich ist sie – nun ja, eine echte Flirtfrau“, sagte der Marquis.

Vane riskierte eine philosophische Verallgemeinerung. „Alle netten Frauen sind Flirtfrauen“, sagte er. „Das meinst du, wenn du sie nett nennst.“

„Aber sehr hübsch und attraktiv.“

„Und die Schuhe?“

„Verdammte Schuhe!“ sagte der Marquis.

Am nächsten Morgen fuhren Herr Blodwell und Sidmouth Vane nach London; In den Gesellschaftspapieren wurde jedoch vermerkt, dass der Marquis von Mapledurham seinen Aufenthalt in Brighton verlängerte.

KAPITEL XX.
INSTRUMENTE DES SCHICKSALS.

SOMMER und Herbst kamen und gingen. Die Jahreszeit starb langsam aus und erlebte ihre langsame Wiederauferstehung. Auerhühner und Rebhühner, Herbstschrecken und Feiertagsreden, der Ernteertrag und der Beginn der Sitzung – jeder von ihnen hatte seine eigene Wendung in der Gunst der Öffentlichkeit, und die große Neston-Sensation verstummte und wurde von Mr. Spions ausdauernde Batterie. Seine Bemühungen waren vergeblich. Alle Katzen waren aus allen Säcken und das Interesse der Öffentlichkeit war gestillt. Als die Schauspieler des Dramas, wie die meisten von ihnen im Winter, in die Stadt zurückkehrten, gerieten sie wieder in Vergessenheit; Ihre Geschichte, die einst so eifrig als neuester Klatsch aufgetischt wurde, war jetzt ein abgestandener Vorrat an Langweilern, der nur dazu diente, den ganz jungen oder sehr provinziellen Gaumen zu erfreuen.

Auf einmal kam es zu einer Erweckung. Ein Gerücht, ein pikantes Gerücht, begann in den Clubs zu flüstern. Die Männer blickten wieder zu Gerald Neston und fragten sich, ob er es gehört hatte, und zu George und fragten, wie er es aufnehmen würde. Mr. Blodwell musste zwanzigmal am Tag gegen seine Unwissenheit protestieren, und Sidmouth Vane verschanzte sich in der sicheren Abgeschiedenheit seiner Dienstwohnung. Wenn es wahr wäre, wäre es großartig. Wer wusste?

Mr. Pocklington hörte das Gerücht, hielt aber im Gespräch mit seinem eigenen Herzen den Mund. Er würde den Frieden, der sich offenbar wieder in seinem Haus eingenistet hatte, nicht stören. Nachdem Laura ihre Unabhängigkeit bekräftigt hatte, ließ sie das Thema fallen; Sie war aufgeweckt, fröhlich und fügsam gewesen, hatte Sehenswürdigkeiten gesehen, war zu Unterhaltungsveranstaltungen gegangen und hatte sich angenehm verhalten; und Mrs. Pocklington hoffte entgegen ihrer geheimen Überzeugung, dass die Rebellion nicht nur schlief, sondern tot war. Sie konnte sich nicht aus London verbannen; So brachte sie ihre Tochter im November mit äußerlicher Zuversicht und innerer Angst nach Hause und betete, dass George Neston ihren Weg nicht kreuzen möge, und betete auch in ihrem gütigen Herzen, dass die Zeit die stille Barriere zwischen ihr und ihrer Tochter beseitigen möge, gegen die sie sich sträubte sie ärgerte sich vergebens.

Aber einige andere Leute hatten keine Ahnung, die Angelegenheit dem langsamen und unsicheren Lauf der Zeit zu überlassen. Es war eine Verschwörung im Gange. George war darin und Sidmouth Vane und Mr. Blodwell; so war es auch mit dem Marquis und einem anderen, dessen Offenbarung unser tiefes Geheimnis ruinieren würde – wenn man ihn errät, gibt es keine Hilfe. Und gerade als Laura traurig und ein wenig verletzt und wütend wurde, weil sie nichts von George hörte, hatte sie die Gelegenheit, ein Gespräch mit Sidmouth Vane zu führen, und kam daraus lachend, errötend und überaus glücklich heraus, obwohl das einzig sichtbare Ergebnis des Gesprächs war war eine Einladung für ihre Mutter und sie selbst, am nächsten Tag an der milden Unterhaltung des Nachmittagstees in Vanes Zimmer teilzunehmen. Nun, Sidmouth Vane war sehr betrügerisch; Er machte sich sozusagen Lauras Erröten und Lauras Lachen für seinen eigenen Gebrauch und seine Ehre zunutze, und als die Einladung kam, freute sich die unschuldige Mrs. Pocklington, ohne sich auf die Zustimmung von Mr. Vane festzulegen, darüber, dass es Laura Freude machte, sie anzunehmen Er trank Tee mit irgendeinem jungen Mann außer George Neston und tappte mit anmutiger Höflichkeit in die Falle.

Vane empfing seine Gäste, Mr. Blodwell unterstützte ihn. Mrs. Pocklington und ihre Tochter waren die ersten, die ankamen, und Vane entschuldigte sich für die Verspätung der anderen.

„Lord Mapledurham kommt", sagte er, „und er war in letzter Zeit sehr beschäftigt."

„Ich dachte, er wäre nicht in der Stadt", sagte Mrs. Pocklington.

„Er ist erst gestern zurückgekommen."

Die Tür öffnete sich und Vanes Diener verkündete mit großem Pomp: „Der Marquis und die Marquiseurin von Mapledurham."

Der Marquis ging direkt auf Mrs. Pocklington zu; dann nahm er Neaeras Hand und sagte: „Sie waren immer gut zu mir, Mrs. Pocklington. Ich hoffe, dass du genauso gut zu meiner Frau sein wirst."

Es wurde so weit wie möglich vertuscht, aber dennoch drang durchsickernd, dass Mrs. Pocklington dieses einzige Mal ratlos war – wenn man das sagen darf, war sie sogar verblüfft. Vane deutete böswillig auf verbrannte Federn und andere extreme Heilmittel hin, und es bestand wirklich kein Zweifel daran, dass Laura die Hutbänder ihrer Mutter gelöst hatte.

Neaera stand halb stolz, halb verängstigt da und schaute zu, bis Laura zu ihr rannte, sie küsste und sie die beste Freundin nannte, die sie hatte, mit einer viel anderen emotionalen Sprache.

Dann kam Mrs. Pocklington vorbei, trank eine Tasse Tee und ging, immer noch unbewusst, genau das, was sie tun sollte, mit dem Marquis auf den Balkon und unterhielt sich lange mit ihm. Als sie zurückkam, stellte sie fest, dass Vane eine frische Kanne Tee bestellte.

„Aber wir müssen wirklich gehen", sagte sie. „Müssen wir das nicht, Laura?"
Und während sie sprach, nahm sie die Hand ihrer Tochter und tätschelte sie.

„Erwarten Sie noch jemanden, Vane?" fragte Herr Blodwell.

„Nun ja, das habe ich, aber er ist sehr spät dran."

„Wo kann er hingekommen sein?" fragte Neaera lächelnd.

„Oh, ich weiß, wo er ist", sagte Vane. „Er ist – er ist nur im Nebenzimmer."

Alle sahen Mrs. Pocklington an und lächelten. Sie sah sie alle an und zuletzt ihre Tochter. Auch Laura lächelte, aber ihre Augen waren begierig und flehend.

„Wenn er Tee möchte, sollte er besser reinkommen", sagte Mrs. Pocklington.

Also tat das Paar Schuhe sein Werk, bescherte der Gesellschaft eine weitere Sensation, machte Neaera Witt zu einer großartigen Dame und Laura Pocklington zu einer glücklichen Frau und bestätigte alle düstersten Ansichten von Mrs. Bort über die Unmoral der Aristokratie. Und der Marquis und George Neston steckten ihre Köpfe zusammen und ließen zwei zierliche kleine Schuhe aus Gold und Diamanten anfertigen und schenkten sie ihren Frauen als Zeichen und Erinnerung an die Wege des Schicksals. Und Neaera trägt den Schuh und wird ganz offen mit Ihnen über Peckton Gaol sprechen.

Die ganze Angelegenheit schockierte Lord Tottlebury jedoch zutiefst, und Gerald Neston ist immer noch Junggeselle. Ob dieses Schicksal eine Belohnung für die Verdienste, die er an den Tag gelegt hat, oder eine Strafe für die Fehler, die er begangen hat, sei, möge jeder nach seinen Vorurteilen oder seiner Erfahrung entscheiden. *Non nostrum est tantas componere lites.*